それでも野球が好きだから

島田　誠

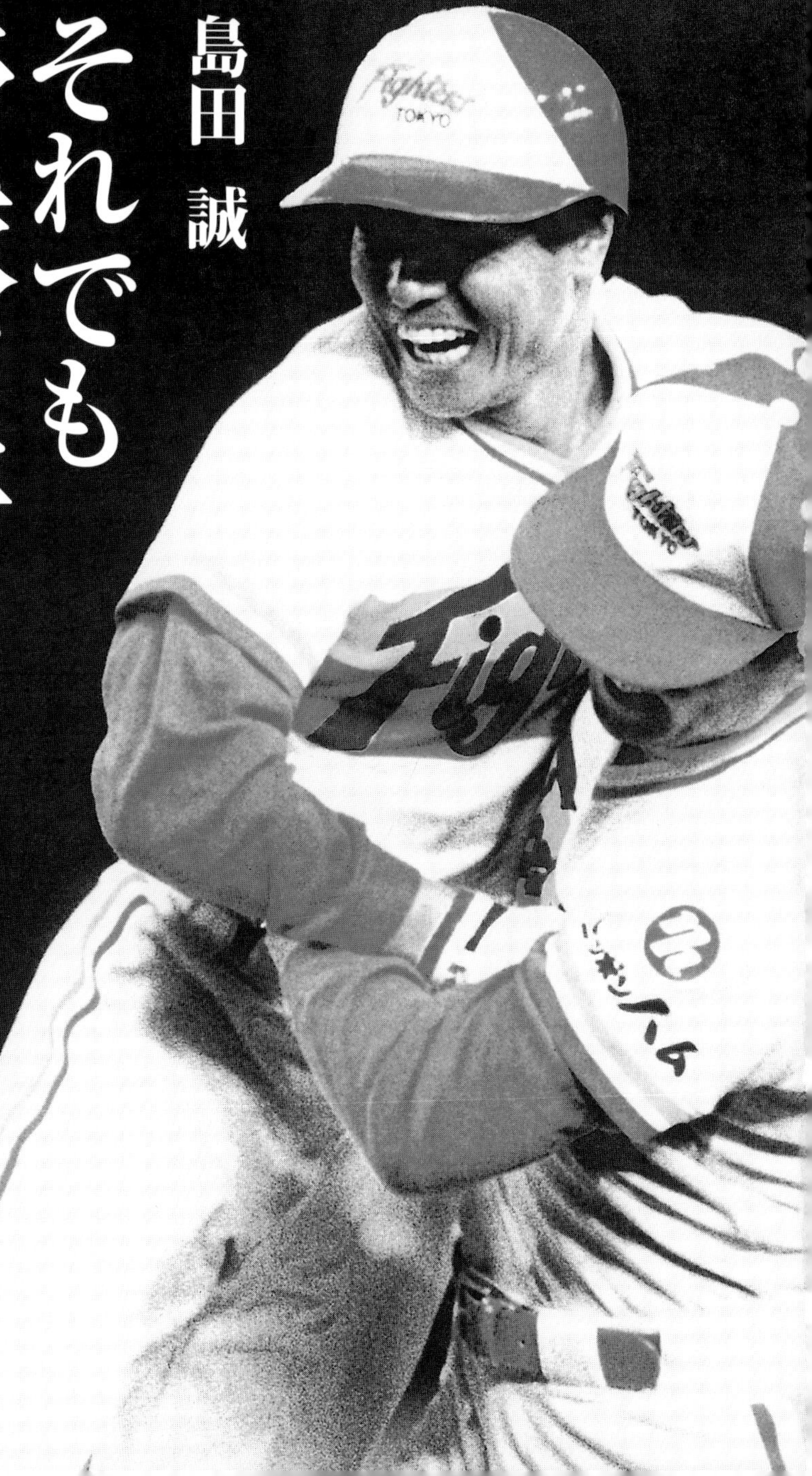

海鳥社

それでも野球が好きだから●目次

僕の野球人生、波乱万丈

ホークス、常勝軍団への道

チャボのはちゃめちゃ交友録

僕の野球人生、波乱万丈

入団発表の日に〝クビ〟宣告

忘れもしない、一九七七年一月十八日のことです。年の初め、品川駅近くで拾った青酸コーラを飲んだ高校生が死亡するという事件があり、まだ騒然としていたこの日。日本ハムファイターズの、新入団選手発表記者会見がありました。

前年のドラフトでは、長崎・海星高校の「サッシー」こと酒井圭一（ヤクルト）が目玉でした。日本ハムは上位指名三人に入団を拒否されましたが、親分・大沢啓二監督やドラフト四位の大宮龍男（駒沢大）ら、数人が壇上に上っています。

テレビカメラに晴れがましいスポットライト、居並ぶマスコミ……ドラフト外で入団する僕も、隅のほうで緊張して並んでいました。一張羅《いっちょうら》の茶色いスーツにスポーツ刈り、ちっちゃい体。とても野球選手には見えません。マスコミの方は、球団の職員だと思ったのではないでしょうか。

「あけぼの通商から入団した島田誠です。よろしくお願いします」

そう挨拶すると、失笑にも似た空気が流れたものです。カメラマンのフラッシュの数も、大宮のときと比べたらずいぶん少ない気がしました。無名のドラフト外、しかも「あけぼの通商」なんて聞いたこともないチームだし、第一あんな体じゃあプロで通用するわけがないだろう――。やがて質問の時間になると、大学時代からスターだった大宮ばかりに質問が集中します。なんの実績もない僕は、もちろんカヤの外。手持ちぶさたで、その様子をながめていました。記者会見が終わると、ようやく一人の記者の方が声をかけてきました。

「君、目標にする選手は誰？」

プロ野球に関してほとんど予備知識のない僕は、選手の名前を知りません。そりゃあ長嶋（茂雄）さんや王（貞治）さんくらいは知っていますが、さすがに恐れ多くて。ですから正直に答えました。

「いません」

これに拍子抜けしたのでしょう、記者の方は、

「その小さい体だし、若松（勉）とか、もし足が速いのなら福本（豊）とか、小さくても活躍している選手がいるだろう」

「いやー、しいていえば僕自身でしょうか」

「福本といえば、ずっと盗塁王をとっているスターだよ。体も君くらいだし、目標にすればいいじゃないか」

いまにして思うと、「目標は福本さん」といわせたほうが原稿が書きやすかったのでしょうね。それでも当時の僕は、そんなサービス精神はありません。

「いや、ホントにいないんです。早く一軍で活躍したいだけです」

これであきらめたのか、

「ああ、そう。よし、それならもし君が一軍に上がってヒットを一本打ったら、なにかプレゼントをしてあげるよ」

いま思えば、からかい半分ですよ。こんな小さい選手が、ヒット一本どころか一軍に上がれるわけがない、プロはそんなに甘くないんだ、どうせすぐにクビだろう……とタカをくくったんでしょうね。ですが純情な新人選手ですから、「はっ、ありがとうございます」と感激しながら答えたものです。よーし、一軍に上がってバリバリ活躍してやる、そうすれば俺の人生、バラ色だ！　そう胸をふくらませる僕に声をかけてきたのが、福田昌久二軍監督でした。

「なにをしにきたんだ？」

えっ？　なにをしにって、そんなの決まっているだろう、と思いながら、

「野球です」

　すると福田監督は小馬鹿にしたように、

「ほー、野球か。わかった、じゃあ一年間だけユニフォームを着させてやるから、その間に次の仕事を探しておいたほうがいいな」

　なにをいってるんだこの人、と思いましたね。そりゃあ福田さんは、一八〇センチ以上もある立派な体です。僕とは一〇センチ以上も差があり、さらに長いコーチ歴もあり、それからすれば僕など、とてもプロで通用するようには見えなかったのでしょう。

　それにしても、入団発表の日に「次の仕事を探しておけ」なんて、クビを宣告されたようなものじゃないか。第一、練習や試合をやりながら仕事なんて探せるわけもない。ああそうか、冗談なのか、おもしろい人だなあ……。そこでダメ押しのように、

「いいな。次の仕事を探しておけよ」

　あらっ。福田さんはどうやら、本気でいっているのか。もしかすると俺は、とんでもない世界に入ってしまったのかもしれない……。

　こうして、僕のプロ野球人生が始まるわけです。

僕が左利きになったわけ

自分でいうのもなんですが、僕の野球人生、けっこう波瀾万丈なんですよ。

生まれ育ったのは、福岡県の中間《なかま》市です。俳優の高倉健さんや、野球人では西鉄ライオンズで活躍し、近鉄やオリックスの監督を務めた仰木彬さんも中間の出身で、同じ遠賀《おんが》川の〝川筋男〟ですね。僕が生まれたのは、力道山の空手チョップが人気を博した一九五四年ですから、このときはまだ市になる前。正確には中間町でした。

中間はかつて、筑豊《ちくほう》炭田の一翼を担った炭鉱の町です。明治から昭和にかけて炭鉱が相次いで開発され、日本の近代産業の発展を支えていたんです。戦後も石炭は、重要なエネルギー源でした。中間も発展を続け、一九五六年には折尾《おりお》からの筑豊電鉄が開通し、一九五八年に市政が施行されたときには、四万八千人もの人が住んでいました。

その後、石炭から石油へのエネルギー革命により大きな打撃を受けたのは、筑豊のほかの町と同様です。一九六四年には市内の炭鉱はすべて閉山し、そのころは人口も激減して三万四千人を割ったといいます。

それはまあともかく、島田家も石炭産業に従事している家庭でした。長屋住まいで、斜め前には床屋さんがあり、そこの息子が中村順司さんです。のちPL学園高校の監督として、甲子園史上最多の五十八勝を記録した中村さん。僕より八歳上ですが、よく、家に遊びにきていました。両親（父・武雄、母・ちづか）と姉（たけ子）、兄（徹也）がいて五人家族。決して裕福ではありませんでしたが、父は炭坑長を務め、〝島田組〟の若い炭坑夫たちに毎日のように食事を振る舞い、アルコールの回った若い衆が大ゲンカを始めるなど、活気のある毎日でした。

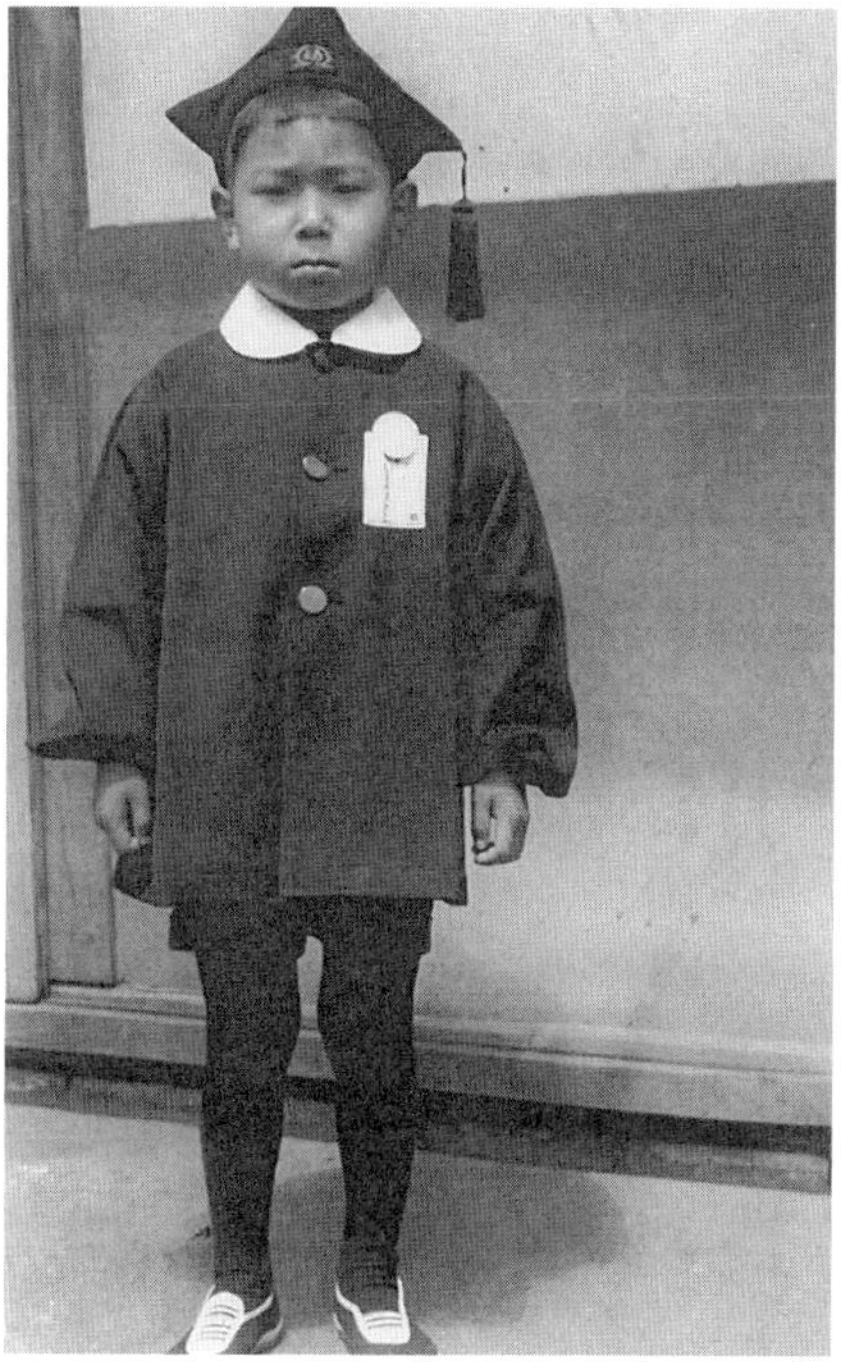

4歳のころ。この少しあとに，あんな恐ろしい目に遭うなんて……

四歳の年の十一月です。僕とアニキと友達で遊んでいて、ボタ山に登ろうということになりました。石炭を採掘するときに出る捨て石をうずたかく積み上げた山ですね。滑車とロープで引っ張るトロッコが動いていて、それに乗っててっぺんまで行こうというわけです。三人はわれ先に飛び乗ろうと、押し合いへし合いになりました。そのときに僕が足を滑らせてしまい、その拍子に右手がロープの下にはさまってしまったんです。

悪いことに、寒い時期ですから僕はセーターを着ていて、転んだ拍子にはさまったセーターを、ロープがねじるように巻き込んでいきます。体が引きずられると同時に、腕が不自然な格好に引っ張られる。あせり、必死にふりほどこうとするんですが、子どもの力ではどうにもなりません。悲鳴を聞きつけ、炭坑夫の方が三人ほど、トロッコを止めようと駆けつけてきても、電動式です。電源を切らない限り、トロッコは止まってくれません。

ボキボキボキ……。ゾッとするような音がして、そこからはもう記憶がありません。失神して、痛みも感じませんでした。兄に確かめたところ、兄は僕の左手を必死に引っ張り、救い出そうとしていたそうです。それでも、どうにもならなかった。一人の炭坑夫の方がなんとか電源を切ったときには、僕の手はロープを巻き込む歯車まで、あと一〇センチほどだったといいます。電源を切るのがあと数秒遅れていたら、腕が切断されるところだったとか……。

それはともかく、超複雑骨折で、病院に運ばれました。駆けつけてきた父に、病院の先生は、

「申し訳ないが、手の施しようがありません。右手を切り落としましょう」と宣告します。なにしろ五十年前、一九五八年のことです。長嶋茂雄さんが巨人に入った年ですね。医療技術はまだ、さほど発達していません。右手を切り落とさないと、傷から破傷風になり、そこから腐っていく。それを食い止めないと、命まで危ないというわけです。さあ、困った。僕が気を失っている間に、命をとるか、右手をとるかという、究極の決断を迫られたのでした。

世に名を残す男になる

父はそのとき、考えに考えました。右腕を切り落としたらどんな子になるだろうか。片腕というハンディキャップを背負い、どういう人生になるだろうか……。

もともと母は体が弱く、子どもを一人しか生めない体といわれていたそうです。確かに僕が子どものころも、季節の変わり目ごとに体調を崩し、救急車のお世話になっていた記憶があります。それがなんとか姉、兄の二人を生んだのですが、よほど体にこたえたのでしょう。僕を妊娠したときには「体がもたないから、堕胎したい」と父に相談したそうです。父は「せっかく天から授ったものなんだから、大事にしないと」と、いい顔をしなかった。そして、ワラにもすがる思いで易者に占ってもらうと、「もしこの子を生んだら、世に名を残す人間になるでしょう」。

これに気をよくした父は、母に懇願したそうです。世に名を残す人間になるのだから、ぜひ生んでくれ……。しまいには母も根負けしたのでしょう。僕としてはその易者さんに感謝ですよね。さもなければ、この世にいなかったかもしれないんですから。生まれるときにそういういきさつがあり、もし右腕を切断して世間に名を残すとしたら、隻腕の絵描きくらいしかないか……と父は思い悩んだそうです。そして、ようやく決断しました。

兄がいるから、島田家の跡取りはいる。それなら腕をなくして育つよりも、五体満足なままでいさせてやってくれ。それで亡くなるのなら、そこまでの天命だったのだ。こう医者に告げたそうです。

一種の賭けですよね。右腕を失うか、命を失うリスクを冒しても、五体満足でいることを望むか。いま、三人の子を持つ親となってみると、たとえ不自由が残っても、命だけは助けてくれ、というのが人情だと思います。ですが父は、思い切った決断をした。そしてその賭けは、幸運なことに吉と出たんです。僕は腕を切断することもなく、破傷風になることもありませんでした。ただし、五歳の誕生日までの約十カ月は、右腕にギブスをしたままでしたが……。

その間は、手を使う作業はすべて左です。右手でなにかをしようとしても、ギブスをしていますから、まだるっこしくてしょうがない。字を書く、ハシを使う、ボタンをかける、ものを投げるのもすべて左です。もともとは、右利きなんですよ。いまでも細かい作業をするのは、右なんです。でも四、五歳の子どもですから、右でやっていたことなどタカが知れていました。右手が使えないなら左で、と代用しても十分間に合った。それで、すっかり左利きになってしまったというわけです。

そのケガをしている間、父がバナナを買ってきてくれたのをよく覚えています。それも、木に何房もついたままで、いったいどこで探してきたんだ、というくらい見事なものでした。当時のバナナというのは高級品で、いまでは考えられない値段です。いまのように、日常的に食べるなんてとてもとても。なにしろ近所の人が「バナナだ、バナナだ」と見にきて大騒ぎしたくらいです。のどかな時代だったんですね。

五歳の誕生日、九月三日にギブスを外したときには、驚きました。両腕の太さがまるで違うんです。左が大根だとしたら、右はゴボウ。使っていなかったので、すっかり筋肉が落ちていたんです。しかもギブスで長い間固定していましたから、「く」の字に固まってなかなか伸びなくなっていました。

ここからのリハビリがきつかった。父が鴨居に両手首をくくって、それでぶらさがっていろというんですよ。無理矢理、右腕を伸ばそうというわけ。何分間もやらされて、これが痛くてたまらない。イテテテテテ、と思わず声が出て、涙がにじみましたね。それがしんどいもんですから、逃げまくっていました。それを父が「マコトー！」と追いかけてくる。いまでも夢に見るほど、恐怖のリハビリでした。

そのころというのは、三原脩監督率いる地元・福岡の西鉄ライオンズが、日本シリーズで巨人を倒して三連覇（一九五六－五八年）した直後です。大下弘さん、中西太さん、豊田泰光さん、それに神様仏様稲尾様……。父親も夢中になっていました。セ・リーグでは、立教大から巨人に入団した長嶋さんが大活躍して、野球の人気がすごかった。

僕が五歳になったころには、家にテレビがあったんです。一九五九年四月、皇太子様のご成婚を機にテレビが家庭に普及し始めましたが、九州の田舎のことですから、隣り近所ではウチだけ。裕福ではないにしても、テレビを買う程度には金回りがよかったのでしょう。家の隣りが銭湯で、お風呂の行き帰りの人たちが、島田家の玄関からのぞきこんでいたものです。

さらに家には相変わらず、毎日のように若い衆が来ます。血の気の盛んな人たちが、殴り合いの大ゲンカをするのも相変わらず。気性の荒さで知られる遠賀川の〝川筋者〟です。ときには室内にある煙突をへし折ったりしましたが、父は、やるならとことんやれ、という方針でした。中途半端で終わる人間が一番つまらん、やるか、やらないか、というのが持論。ですから、ケンカにしても最後までやれ、と知らん顔です。オトナというのは、すごいもんだなあ……と子ども心に思っていました。

ある日。その〝島田組〟の若い衆たちが、テレビで野球を見ながら、「大将、俺たちにも野球をやらせてくれ」と頼み込みました。それを親分肌の父が「よっしゃ」と請け合い、草野球のチームを作ったことがあります。とはいえ、軟式の町内野球レベルですよ。中間市にはいくつかの地区があって、各地区のチームと試合をするんです。

僕も、何度か試合を見にいった記憶があります。ランニングシャツに〝島田組〟と書いたのがユニフォーム。父はまったく野球がダメで、ルールも知りません。代打で出る、とわがままをいっては、「当たるまで打たせてくれ。当たらんとつまらん」といいながら、十二球連続空振りしたくらいですから。そんなふうに試合をして、勝つにしろ負けるにしろ、その晩は島田家で宴会が始まり、決まって大ゲンカにもつれ込んでいました。それでも翌日は、当事者同士がなんのわだかまりもなく炭坑で隣り合って汗を流し、バカをいい合う。なんとまあ、単純でわかりやすい時代だったんでしょう。

野球人生の原点

右腕の大ケガはなんとか回復しましたが、僕は相変わらず左利きのままでした。左利き、ぎっちょというのは、当時はバカにされたものです。人と違う、ということに寛大ではなかったんでしょうね。中間北小学校に入ってからも、近所の悪ガキにずいぶんからかわれ、いじめられたものです。

僕もきっと、どこか劣等感があったのでしょうね。右利きに変えようともしてみたんです。だけど、すっかり左に慣れていますから、右手での作業はすぐにはうまくいかない。だからついつい左に頼ってしまい、そのうちに左利きになったというのが本当のところでしょう。

いまならば、とくにスポーツをするにはメリットがあり、左利きは個性として尊重されるところです。ですが当時は、本来は左なのに右利きに矯正された子がずいぶん多かったのではないでしょうか。僕はもともとが右利きでしたから、本気で右に直そうと思ったら、それほど困難ではなかったはずです。最初はうまくいかなくても、我慢して続けていれば右への転向は可能だったはず。ところが父は、

「右利きにしなさい」

とは一言もいいませんでした。学校の先生から毎日のように「右に変えろ」といわれても、

「本人が左がいいといっているのを、無理に変える必要はなかろうもん」

と、まったく聞き入れません。そのかわり、古新聞をどさっと僕の目の前に積んで、

「誠。ここに好きなだけ自分の字を書きなさい。人というのは、左利きでも、仮に頭が悪くても、字さえきれいだったら、それだけでみんなが認めてくれる」

勉強しろ、とかは一切いいません。ただただ、字を書く練習だけはみっちりしました。それも、左手です。まあ、小学生なりには見られる字になったかもしれません。ただ、書道というのは、右で書くような仕組みができているんでしょうね。のちに小学校六年で習字の授業があったとき、どうにもうまく書けないんです。文字の構造が右利き用にできているのか、それとも筆の流れなのか、なかなか満足できる字が書けない。「大地」とか「大空」とか書いてもできばえがもうひとつで、その横に「左手で書きました」と言い訳を付け加えたりしていました。

左利きでバカにされるため、ケンカもしたものです。小学校一年のときには、近所の六年生にいじめられていました。そのたびに腹が立つのですが、相手は体も大きいし、まと

もにぶつかってはかなうわけもないと思い、泣き寝入り状態でした。ですが、ある雨の日、もし今日いじめられたら、どれだけ殴られてもいいから、歯を食いしばって一発だけは返してやろうと、自分なりに一大決意をしたんでしょうね。例によって六年生が、ヘラヘラ笑いながら、「おお、ぎっちょ」と道をふさいできました。そこで「今日こそは」と思っていた僕は、持っていた傘で相手をバンバンたたいたんです。そうしたら相手は、まさか小さい僕が反抗するとは思っていなかったんでしょう。たたかれて、あっけなく泣き出してしまったんですよ。それはもう、なんでこんな奴を怖がっていたんだろう、と思うくらいでした。それ以来、いくら体が小さくても、「なあんだ、ひるむことはないいな」と勇気を持つようになりました。

野球を始めたのは、確かそのころです。青年団の人たちが小学校のグラウンドでやっているのを土手で見ていたんですね。そこへたまたま、大きな打球が飛んできて、僕は反射的に手を出してそれをパッと捕ったんですよ。それを見て、

「坊主、野球できるのか?」

「ううん、したことない」

「こい、かてて(加えて)やるから」

「いいの?」

ということで、球拾いに〝かてて〟もらったのが僕の野球の原点です。その打球を打った人は、「危ない、当たる!」と覚悟したそうです。それを僕が器用に捕ったので、その反射神経にびっくりしたらしい。しかも、まだ一年生のチビですから。こっちとしては、なにも特別なことをしたつもりはないんですけどね。

もともと、運動神経はあったようです。鉄棒ではサーカスみたいなこともできたし、当時からバック転もやっていました。小学校低学年ではまだ足の速さはわかりませんが、若いころの母は速かったらしいです。平和台の陸上競技場の大会に出たこともあるらしい。そういう血です。

近所の友達と（前列中央が僕，その右後ろが兄）

父が炭鉱の仕事を辞めたのも、そのころです。先見の明があったのか、

「勉強しなさい」とは決していわなかった母

何年かあとにはその炭鉱も閉山になりました。ただ、商売には向いていなかったようです。退職金を元手に家を建て、まずは養鶏場を始めたのですがうまくいかず、次には味噌とか醤油、いりこ、天ぷら（薩摩揚げのことです）、ときには下関までカマボコを仕入れにいき、直方《のおがた》や香月《かつき》あたりのお店に卸す仕事に鞍替えしました。丸島商事などというご大層な名前がついていましたが、なに、要は乾物商です。子どもというのは、なんの目的がなくても車に乗るのが好きなものです。僕も、父の運転する車に乗せてもらい、よく仕事場についていきました。父に、「誠、どこそこにあれを持っていけ」などといわれて手伝うと、いっぱしのオトナになったような気がしましたね。

野球を始めた僕は、やがて週に一回、二十代のオトナたちに交じり、練習をするようになります。これが楽しみでした。最初は球拾いの手伝いやキャッチボールくらいだったのが、そのうちに「誠、打ってみらんか?」といわれて打たせてもらったりしました。六年生になると、仲間たちとチームを作り、多少は腕に覚えがあったものですから、ほかの小学校に他流試合に行ったりしましたね。そうやって毎日、真っ黒になるまで遊んでいたものです。

うちの両親がえらかったのは、夕食のときに、

「しっかり遊んでるか」

というんですよ。父は、あれはダメ、これをしなさい、とはまるでいわない。母も、先生から「もうちょっと勉強させてください」といわれても、「人様にケガをさせたり、迷惑さえかけなければ、なにをやってもいい」という考え。子どもはお言葉に甘えて遊んでばかりで、ですからたまに勉強机に向かいでもしたら、「熱があるんじゃないか」と本気で心配されたものです。父は新しい仕事を始め、三人の子どもを育てるのに懸命だったでしょうが、こうしてなに不自由なく育ててもらったことには感謝しています。

小さい体で四打席連続ホームラン

野球をやらせたら俺よりうまい奴はいない、と自信満々で中間北中学に進んだ僕ですが、悩みのタネは身長でした。入学するときの身長が一四〇・四センチだったと、いまでも覚えていますもん。いまなら小学五年生の平均身長くらいで、当時、朝礼などで整列するときは一番前でした。「前へならえ」をするときは、そもそも自分の前に人がいないから、腰に手を当ててるんです。あの屈辱は、身長の低かった人じゃないとわかりませんよ。僕はそれが嫌で、二番目に背の低い同級生を無理矢理一番前に立たせたものです。

ですから中学ではまず、野球部じゃなくてバレー部に入ったんです。四十年も前ですから、いまのようにリトルリーグや少年野球のシステムが整っていたわけじゃありません。小学校では遊びでやっていた程度ですし、ウチのチームでやってみないか……と強豪から誘われることもない。野球をやるとしたら、いわゆる中学の部活しかなかったんです。それにしても、野球ではなくバレー。一九六四年の東京オリンピックで、〝東洋の魔女〟が金メダルを獲得したため、人気スポーツになりつつありました。

ただ、僕がバレー部に入ったのは、一にも二にも身長を伸ばしたいため。昔はよくいわれていましたよね、ジャンプするスポーツをすると身長が伸びるって。おそらく、ジャンプするしないにかかわらず、成長期に適度な運動をすれば自然と身長が伸びるんでしょうが、中学生のころはそんなことはわかりません。それでバレーを始めたんですが、回転レシーブの練習でクビが寝違えたみたいになり、一週間で辞めました。バスケットも背が伸びると聞きましたが、入部すると先輩たちが「すぐには大きくならないぞ」というので、辛抱できずにこれも辞めました。次に目についたのが体操部ですが、筋肉がつきすぎると上には伸びないのではないか、と子ども心に考えて却下。

となると、野球です。やっぱり、自分に一番向いている。入部したのは、六月くらいだったでしょうか。それでも、小学生時代からオトナにまじって対等にやっていたのですから、中学生のなかでは目立ったのでしょうね。直後の夏の大会には、背番号14をもらったんです。

ところが、中学の野球部のユニフォームというのは代々持ち回りで、いわば部の所有物。サイズはまちまちで、多いのは平均的な体格に合わせたものです。そのうちでも、もっとも小さいものが僕にあてがわれたのですが、それでも半そでがヒジのあたりまで達するサイズでした。なにしろ、身長一四〇センチそこそこですから。

父がそれを見かねまして、中間市内の「堀田スポーツ」という運動具店に、わざわざユニフォームを作りにいったんです。コイツにぴったりのサイズはないか、胸に本物と同じ「NKITA」という文字を入れてくれ……という、オーダーメイドです。おかげで、体にピッタリのユニフォームができました。ただし残念ながら、正式なユニフォームはややクリーム色だったんですが、ちょうどその色の在庫がなく、僕一人真っ白なユニフォームで夏の大会に出ましたね。小柄だから、四角い布に縫い込まれた背番号が、背中いっぱいに貼りついていました。

厳密にいえば、色違いのユニフォームはルール違反でしょうね。また普通なら、「なーに、多少ぶかぶかでも、部で用意してある中学のユニフォームを着て出ればよかろうもん」となったでしょう。それでも父は、僕の体にぴったりのユニフォームを作ってくれました。たった一着にネームを入れろ、という注文ですから、そりゃあ値が張ったと思いますよ。いまにしたら、軽く何万円かはするでしょう。堀田スポーツさんにしても、よほど印象深かったのか、プロ入りするまで島田誠という名前を覚えていてくれました。

いま思うと父は、ずいぶんと自分のために無理をしてくれたものです。高校のときは「ローリングスのグラブがほしい」といったら、六千円も渡してくれました。高校三年当時ですから、破格の値段ですよ。カンガルー革のスパイクが四千円の時代、グラブとスパイクの両方を買ってくれました。野球は足からです。イチローなんかは、一試合一足ペー

中学生のころ（前列左から２人目が僕）。修学旅行で関西へ

スだというでしょう。それをアシックスが提供していまして、一度見せてもらいましたが、すばらしいシューズですね。噂によると、ナイキが十億円の契約でどうか、とオファーしてきたらしいですが、イチローは金額には代えられないと、アシックスにこだわったそうです。

それはそれとして、中二で一四九センチ、三年になると一六〇センチを超え、ようやく身長が伸びてきました。それとともに脚力、体力もついていきます。中二では五〇メートル走が七秒五と、そこらへんの女子と変わらないタイムでしたが、中三になるとすぐに六秒二になりました。卒業間際には五秒九でしたから、これは陸上選手並みですね。また、風呂に入ってはカマボコ板を持って手首を鍛えたせいか、肩も強くなっていきました。遠投は、八〇メートル程度だったと思います。

また小学生のころから、体は小さいくせに、不思議と打球をよく飛ばしていたんです。

一六三センチになった中学三年のときでした。岡垣中学というところで大会があり、僕が一打席目に、ライトの後方にある土手まで飛ばしたんですね。一〇〇メートル近くあったでしょうか。かつて、中学生がそこまで打ち込んだことはなく、審判の方と関係者が協議を始めました。

「いまのあれは、どうすると？」

「ホームランじゃなかろうか」

ということで話がまとまり、結局ホームランになったんですが、二打席目も三打席目も同じところへ。まさか、と思った四打席目もホームランで、なんと四打席連続ホームランとなったんですね。

この試合は当然大勝しましたが、チーム自体は次の日で負け、県大会進出はならず。こうして、中学での野球が終わるのですが、まあ、気の合う仲間たちと遊び半分でやっていた時代ですから、それはそれで楽しかったですね。

二十四人中唯一の一般入部

入団発表の日、一年でクビ宣告された話はどうなったんだ？　といわれそうですが、大丈夫、忘れていません。順を追っていきますので、もうちょっとお付き合いください。

中学レベルの野球とはいえ、四打席連続ホームランを打ったという噂は周辺にアッという間に広がりまして、高校進学にあたっては、九つもの高校が誘いにきてくれました。当時の福岡は北部が圧倒的に強く、福岡市内など南部の学校にはほとんど出番がありません。その北部の中間北中に、島田誠というすごい奴がいるらしい、ということで東筑、八幡工、戸畑商、九州工、小倉工……など、甲子園常連や強豪がずらりでした。特待生制度が昨今問題になりましたが、当時などは大らかなものでしたよ。

ただ、ネックになったのが身長です。四打席連続ホームランを打った中学生、などというと、いまでいう松井秀喜なみの体を想像されたんじゃないでしょうか。その噂の主が実は一六五センチそこそこなのを見て、いずれもびっくりしていたようです。誘いにきてくれたなかでは県立の東筑が一番の進学校で、中間の先輩の仰木さんも東筑の出身でした。入試でこれだけの点数を取れれば入学できるから頑張れ、と学校に尻をたたかれ、一時は慣れない参考書も開いてみましたが、根っからの勉強嫌いですからね。長くは続きませんでした。また運よく合格しても、授業についていけなかったでしょう。

そこで選んだ進学先が、直方学園です。一九五五年に直方経理専門学校として開校し、一九六〇年に直方学園高校となった新しい学校。まあ残念ながら、石炭産業の消滅と少子化で生徒数が激減し、直方東高校と名前を変えたあとの二〇〇三年に廃止になってしまったんですが……。その直方学園に、僕の兄の同級生である阪口忠昭さんという方が行っていたんです。僕も、子どものころからターちゃん、ターちゃんとなついていたんです。中間北中学の三つ先輩でもあり、僕が中学三年だった一九六九年の夏、直方学園が福岡県大会の決勝で飯塚商に負けたときのエースでした。

その年、ドラフト三位で指名され、西鉄入りした阪口さんが、以前から僕を誘ってくれていたんですよ、「誠、うちの高校に来い」って。それを、どこかで決定事項だと感じていたんですね。中学の校長先生などは、いい学校が九つも誘ってくれているのに、なぜ直方学園？と思ったようです。確かに直方は僕を特待で入れてくれるわけではなく、条件のいい学校や強い学校はほかにもありました。阪口さんとは入れ替わりになりますし、しょせん子どもの口約束ですから、果たす義理もなかったでしょう。ですが、誘ってもらった自分としては、それをまっとうするのが当然の選択に思えました。

父は例によって、僕の決断になんの反対もしませんでしたね。野球をやることにも無関心というか、四打席連続ホームランを打ったと聞いても、

「誠がそんなにすごいんか。へえ、誠がねえ……」

という程度。たまには試合のとき、陰からこっそり見ていたことはあるようですが、ゆくゆくは甲子園、あわよくばプロか……と皮算用するようなタイプじゃありません。ですから高校進学でも、お前が思うように進みなさい、と。こうして一九七〇年の春、直方学園に進むことになります。

そうそう、ＰＬ学園から名古屋商科大を経て、当時社会人のキャタピラー三菱でプレーしていた中村順司さんが、「ＰＬに推薦の口をきこうか?」とおっしゃってもくれました。ただ当時のＰＬは、一七五センチくらいの大型チームを目ざしていたそうで、ここでも身長がネックになりました。僕にしても、わざわざ大阪まで行くこともなかろう、と思っていましたし、さほど屈辱ではありませんでしたね。

直方学園は、阪口さんがいた一九六九年の夏、あと一歩で甲子園、というところまで行くのですから、けっこう強い学校でした。私立ですから、野球に力を入れることで知名度を上げようという戦略だったのでしょう。僕が入学したときは、いまノック名人として知られている春山総星さんが監督を務めていました。

同級生は、二十四人が野球部に入部。そのうちなんと、二十三人が特待生でした。一八七センチの長身選手がいたり、平均身長は一七五センチくらいだったでしょうか。そんななかに、一六三センチの僕がいるわけです。しかも特待生ではなく、たった一人の一般入部でした。

「野球部に入りたいんですが」と申し出ると、部長先生はこういったものです。

「その体では、ウチの練習にはついてこれんと思う。きついぞ、やれるか？」

確かに、練習はきつかった。電車通学の僕の場合なら、中間発六時四十五分のＤ51に飛び乗って、直方までは十五分ほどでしょうか。グラウンドにトンボをかけ、小石を拾って整備を終えると、七時四十五分に上級生がやってきます。それから軽い練習をし、八時半に授業が始まると、授業中にボールを縫うのが一年生の役目でした。糸がほつれてボロボロになったボールを、縫い直す。しっかりと締めないと革がゆるむので、指の腹が痛くなるほど赤い糸を引っ張らなくてはなりません。ボール一個につき一〇八の縫い目があり、それを一日一人十個がノルマでした。

授業が終わると同時にグラウンドに飛び出し、部室で着替えです。なにしろ、グラウンドに出るのが先輩より少しでも遅れると殴られるんですからね。大急ぎで用具を準備し、先輩が来て、監督が現れるとランニングから練習開始。キャッチボール、バッティング、

直方学園野球部メンバー（前列左から５人目が僕）。入部したときは，24人中23人が特待生。僕だけが唯一の一般入部でした

守備……。

仕上げにはときに、「一五〇塁打」と呼ばれるベースランニングがありました。その声を聞くともう、できることならその場で気を失いたいくらいですよ。一五〇塁打ということは、ほぼベース四十周です。一周はおよそ一一〇メートルですから、四キロ以上を全力疾走するわけです。しかも、一通りの練習を終えてクタクタになっていますから、一五〇塁打の指示はもう恐怖でしたね。

練習が遅くまでかかり、最終列車に間に合わないこともありました。すると、直方から中間までの一二、三キロを、疲れた足を引きずってトボトボと帰るしかありません。いまのように携帯電話があるわけじゃなし、第一、親が子どもの送り迎えをするなどもってのほか、という時代です。家に着くころには足が棒のようになり、翌日はまた、六時四十五分発の列車です。疲れ果てて、帰りの最終列車で眠りこけたこともありました。

折尾あたりで気がつけばまだいいですが、終点の若松まで寝過ごしたら大変です。目が覚めたら、見たことのない駅。あたりは真っ暗。あらっ、若松……？　一度仕方なくタクシーで帰って、母親にこってりと怒られたこともあります。

たまに練習が早めに終わりでもしたら、それはそれで恐怖でした。昔の体育会系特有の、説教が始まりますから。そんな雰囲気になったら、いくら普段の倍くらい機敏に動き、大きな声を出しても、説教は避けられませんでしたね。練習態度にケチのつけようがなくても、関係ない。なにしろ上級生のかっこうのウサ晴らしとして、その日の練習が始まる前からの決定事項なんですから。

強化合宿期間中は、朝六時からえんえんとランニングです。一五キロほど。もうヘトヘトなんですが、学校近くの数百メートルになると急に元気が出ましたね。近くに女子校があって、女の子が通るものですから、いいところを見せようと張り切ったわけです。そんなこんなで当時は、「直方学園？　あの、野球部の練習がきつい……」と、周囲の学校にも鳴り響いていました。ですから、特待で入った連中が、次々にネをあげて辞めていきましたね。三日で一人辞め、一週間でまた一人、一カ月でもう一人……。二十四人いたのが、夏の大会直前には十一人にまで減っていました。

そして……同級生のうち夏の福岡県大会でレギュラーになったのは、僕たった一人です。特待生じゃなく、「その体では、ウチの練習にはついてこれん」といわれた一般入部の僕。九番、ライトでした。このときは、若松に初戦負けしたのですが、夏の大会が終わったあと、僕は特待生に格上げになります。一般入部でありながら、特待生をごぼう抜きにしてレギュラーになった島田とは、何者だ？　調べた学校側が、「お前は大変な選手だったんだな、申し訳なかった」とコロッと態度を変えたんですね。

ヒノキ舞台とは無縁の高校時代

直方学園は、練習も厳しかったですが、上下関係もムチャクチャ厳しかったですね。そのころになると、父がときどき練習を見にきていたんですが、その父が上級生にいうんですよ。

「ウチの息子の態度が悪かったら、ガンガンやってください。もう、ボコボコにしてください」

普通なら「どうかウチの子にはお手柔らかに……」といいそうなものですが、まるで逆です。おかげで先輩たちには、いいようにボコボコにやられました。説教、しごき、使い走り……いまならいい思い出ですが、もう一度やれといわれても、絶対に帰りたくない時代です。

また直方学園は、柄もあまりよろしくなかった。入学と同時に、折尾のある高校の二百人と、直方の百人が、遠賀川の川原で〝出入り〟をするというんです。高校生が、出入りですよ。確かに、気性の荒い土地柄とはいえ、やくざじゃあるまいし……。

それでも、先輩の命令は絶対です。参加しろといわれて、仕方なく僕も駆けつけました。

プロテクターとレガース、マスクをつけ、手には釘を打ちつけたバット。ただ、どこかで噂を聞きつけたパトカーが何台も集まってきて、もう、マンガみたいにすごかったですね。あのときは、えらい学校に入ってしまった、なんでよりにもよって……と、自分の選択をうらんだものです。

それでも、だんだんふてぶてしくなるものですよ。上級生になったある日、直方から中間に帰る汽車のなかで、いがみ合っている高校の二十人くらいに囲まれたことがあります。ガンを飛ばしたといいちゃもんをつけられた。こっちは帰り道でたった一人ですから、うわあ、これはやばいな……と背筋がゾッとしました。以前、同じようにからまれた奴が、鼻に割り箸を突っ込まれるのを見たことがありますから。俺も同じようにされるんだろうか、あれはきついな、どうしよう……二十人が、ジリジリと近づいてくる。ふと見ると、窓がちょっと開いています。列車は駅を出たばかりで、まださほどスピードを出していません。これしかない、とスキを見て窓を全開にし、そこから飛び降りると、一目散に逃げました。いやあ、危なかった。

ただし、そういう連中というのは、集団でくるんですよね。一人だと、からっきし意気地がない。しばらくたって、見覚えのある顔を車内で見かけました。ああ、あのときいちゃもんをつけてきた奴の仲間だ。素知らぬ顔で車内を歩きながら、そいつの靴を思い切り踏みつけてやりました。イテテテテ、と顔をしかめるそいつに、「おお、悪い悪い。お前、俺を覚えてる？」「誰やったやろか」「誰やったやろかじゃなかろうもん」……とにかく高校時代は、野球以外でも息の抜けない日々でした。

中学時代から、体は小さくてもボールを飛ばす力はあったんでしょうか。高校でも、練習中から、ライトの奥にある武道館の屋根を越すような当たりを打っていました。一二〇メートルくらいはあったでしょう。しかも金属バットなどない時代、きっちりと芯に当てないと飛ばない竹バットです。先輩に、同じ左打ちでボールをよく飛ばす人がいて、フリー打撃のときから、「誠、競争しよう」と飛距離を競っていたものです。

チームとしては大して強くなかったですね。二年の夏は二回戦で負け。それでも、どこで聞きつけたのか、三年生になると南海ホークスのスカウトの方が練習を見にきました。当時僕はセンター兼ピッチャーで、チームでは左のエースという存在。南海は「スピードとバネがあるから、ピッチャーとして中継ぎでとりたい」という目論見だったそうです。

有頂天になりましたね。そのときまで、プロなんてこれっぽっちも意識したことがなかったんですから。第一、全国の舞台に出たわけでもないし、自分の力がどの程度のものなのかまるでわからない。ですが、スカウトが見にきてくれたということは、多少でも見込みがあるのではないか。本心では、投げることよりも打つのが好きだから、バッターとし

投げるより打つほうが好きだった僕が，高校３年になるとピッチャーとして注目されることに……

て見てもらいたかったのですが、甲子園に出たわけでもなく、まるで無名の存在です。目をつけてくれただけでありがたいと思わなくちゃいけません。

そうか、プロ野球だって夢じゃないぞ。甲子園に出て活躍でもすれば、なおさらだ……とワクワクしていた六月のある日。九州工業高校（現・真颯館《しんそうかん》）との練習試合です。マウンドに上がり、ポンとカーブを投げたら、ポキッという音が聞こえたんです。あれ、なんだろう。変な音がしたな……キャッチャーからボールを受け取り、次を投げようとしたら、ボールが手から落ち、セカンド方向にコロコロと転がっていくんですよ。一瞬遅れて、ヒジが猛烈にズキズキと痛み出しました。セカンドがボールを持

ってきて、

「なにしようと？」

「痛くてたまらん」

ヒジの骨が欠けていました。

病院に行くと、「治るまで、最低一カ月はかかる」という診断でした。最後の夏の大会は、もうすぐです。目の前が真っ暗になりましたね、ああ、甲子園に行って活躍してプロ入り、という俺の夢は……。

結局通院しながら治療し、夏の大会直前には投げられるようになりましたが、そんな状態では本来の力を出せるわけもありません。北部の代表決定戦は、八幡工との試合。小倉球場で最後の打席にホームランを打ったものの、結局は二対五で負けてしまいました。

福岡出身の小柳ルミ子が「瀬戸の花嫁」を歌ったこの一九七二年夏、福岡の代表になったのは東筑でした。練習試合ではいつも楽勝している相手でしたから、最後の夏を完全燃焼できなかったことに、悔しい思いをしたものです。

南海のスカウトですか？　ヒジを痛めたあとは、パッタリと音沙汰がとだえてしまいました。ピッチャーとして期待している以上、ヒジを痛めた高校生には用はない、というわけでしょう。プロというのは、そんなに厳しいところなのか……。島田少年の夢は、ほんのつかの間で終わったように見えました。それが、高校を卒業してから四年後に実現するとは、誰も思っていなかったでしょう。

九州にトンボ返りしろ！

一九七七年の一月十八日に入団発表があり、ドラフト外の入団とはいえ、「さあ、やるぞ」と意気込んでいた僕。福田二軍監督に「一年間だけユニフォームを着させてやるから、その間に次の仕事を探しておいたほうがいいな」といわれながらも、張り切って合同自主トレに入りました。自主トレはキャンプ期間以前のため、ユニフォームこそ着ませんが、キャンプに備えて体調を万全に整える大切な期間です。僕も新入団の何人かと、日本ハムの多摩川のグラウンドで汗を流していました。そこへ、当時の大沢監督が視察にきます。

親分、緊張して直立不動の僕の前にくると、

「おお。お前は、宙返りができるらしいじゃねえか。やってみろ。皆さんの前で、名刺代わりだ」

とのお達しです。チームメイトや記者団の見守る前で、僕はガチガチになりながらもバック転を見せました。当時二期制だったパ・リーグで日本ハムの前年の成績は、前・後期

通算で五位です。さして注目されるチームではなく、投手も野手も、華やかに新聞記事でとりあげられるスター選手はいません。そこへ新人選手のバック転ですから、担当記者たちは、おお、これはネタになる！ と思ったのでしょう。小学生時代から身軽で、バック転はお手のものですから、いわれるままにバック転を披露しました。

「おっ、すごい。島田君、もう一度やってみてよ」

と、報道陣は何回もバック転を要求します。いわれるままに繰り返す僕。目が回りかけましたが、注目され、半ば得意な気持ちでした。それに水を差したのが、横目で見ていた福田二軍監督です。大声でどなりました。

「そんなにトンボ返りが好きなら、地元の九州にトンボ返りしろ！ サーカスじゃないんだから、二度とするな！」

こちらとしては内心、「大沢さんがやれといったからやったのに……」とおもしろくありませんでしたが、従わざるを得ませんよね。それから二日、三日とたって、大沢さん、なにかと私を気に入ってくれたのでしょうか、「福田、あの小さいのにちょっとティーを打たせてみろ」となり、福田さんが上げるタマを僕が打つことになりました。そのときにも、福田さんから一言あったんです。

「いいか、俺に打ち返すんじゃないよ」

カチンときましたね。打ちやすいように下手で上げたタマを打つのが、ティーバッティングです。いかにドラフト外とはいえ、プロになるような選手なら、誰もそんなヘマをするわけがありません。小学生じゃあるまいし。なぜ福田さんは、そこまで俺につらく当たるんだろう……。

とはいえ、表面は「あ、はい」とうなずいてティー打撃に入りました。カーン、カーンと、一定のリズムで気持ちよく打ち続けます。いい感じだ、と自分でも乗ってきたところで、福田さんはときどき、タイミングを外してとんでもないタマを上げるんですよ。いいリズムでスイングしているとき、急に変化をつけられては、なかなか打てるものではないんです。腰砕けで、当たり損ねてしまいます。そこへ、大沢監督が福田さんに声をかけました。

「どうだ福田、使えそうか？」

「いやあ、使えませんね」

「おう、そうか。わかった」

もう、目の前が真っ暗になりましたね。せっかく大沢さんが認めてくれそうなチャンスなのに、あなたがわざと悪いタマを上げるからじゃないですか……といいたいところですが、そうしたらさらに、意地悪をされてしまいそうです。ドラフト外の選手は、こんな扱いなのかと愕然とするしかありません。理由もなく、いじめられている感覚でした。

やがて自主トレが終わり、二月一日、徳島県の鳴門でキャンプがスタートしました。二軍スタートのわれわれを前に、福田二軍監督から訓辞があります。

「とくに新人にはきつい練習になるかもしれないが、早く一軍に上がれるように頑張ってくれ」

とか、そんな内容でした。当時の鳴門キャンプは一、二軍の合同です。とはいえ一軍のグラウンドは設備が整ったきれいな球場で、二軍は古びた球場。宿舎にしても、入口は同じながら、右に行くと一軍の鉄筋コンクリートのホテルで、豪華で快適なのに対し、入口から左に行く二軍の部屋は、修学旅行の宿のような感じでした。仕切りがあるわけではなく、足を踏み入れようと思えばできるのですが、そこには目に見えない壁のようなものがあり、二軍選手はその壁に阻まれる空気でした。待遇にはっきりと差をつけることで、二軍選手の奮起を促していたのでしょう。

よっしゃ、自主トレではいびられたけど、キャンプとなればドラフト外でも扱いは同じだろう。一日も早く、一軍に上がってやるぞ！　そう思いました。練習が始まり、ランニング、アップ、キャッチボール……ここまでは、なんの問題もありません。ところが、打撃練習が始まると、またもや福田さんのいびりが始まるんです。

「島田、外野のもっと奥の外野に守れ」

打撃練習は、順番にバッティングゲージに入って行われますから、それ以外の者はファウルゾーンで個人ノックを受けたり、バックネットに向かってティーをやったり、それぞれのメニューに取り組むのが普通です。あるいは、自分の守備位置で守ったりすることもある。しかし「外野の奥の外野を守れ」とはどういう意味でしょう。カバーリングの練習？　わけがわからず、福田さんに聞きました。

「奥の外野ってなんですか」

「スタンドだよ、スタンド」

「えっ？　スタンドでなにするんですか」

「決まっているだろう、そこで球拾いしろ」

打撃練習でスタンドに入るボールを拾え、というわけです。フィールドにいないんですから守備練習にすらならず、本来なら学生アルバイトがする役目ですよ。いくらドラフト外とはいえ、選手がスタンドで球拾いなど聞いたことがありません。僕が打撃練習をさせてもらうのは、みんなが食事をしている間だけ。みんながノックを受けているときには、僕一人食事です。

それでもまあ、仕方なくスタンドに入ってくるボールを拾い、フィールドに投げ返して

チャボと僕。50歳を過ぎたいまでも，当時の先輩たちからは“チャボ”と呼ばれています

いましたが、だんだんムカッ腹が立ってきました。なにが奥の外野だ、高校に入学したての下級生か、学生バイトと同じじゃないか。いったい俺がなにをしたというんだろう、なにか恨みでもあるのか……。そのうち、福田さんに当てるつもりでボールを力一杯投げ返していました。

ただ、狙ってもなかなか当たるものではありませんね。高校時代から一二〇メートルほど投げていて、遠投には自信がありました。ただ、外野スタンドから目標までは、楽に百何十メートルはあるのですから、正確にコントロールするのはなかなか難しい。ゴルフでいえば、ショートホールでピンを狙うようなものです。何百球と投げ返しても、福田さんに命中させることはできませんでした。

そんなキャンプ期間のある休日、日本ハムの二軍選手何人かが、養護施設に慰問に出かけました。地元への恩返しとともに、子どもたちに夢を与えられれば、という催しです。僕は参加しなかったのですが、慰問先でチャボにエサをやっている少年がいたそうです。その子を見た選手の一人から、ふと、

「おい、あの子、島田に似てねえか」

そんな声が上がった。すると、

「おお、ホントだ。目のあたりがそっくりだし、ちょこまかしているところも似ているな」

それを聞きつけた福田二軍監督までも、

「うーん、確かに似ているな。よし、明日から島田を〝チャボ〟と呼ぼう」

翌日。福田さんに「おい、チャボ！」と呼ばれても、もちろん、最初は誰のことかわかりません。キョロキョロ見回すと、昨日の慰問に参加した選手が「島田、お前だよ」と、笑いながら教えてくれました。それ以来、ずっと〝チャボ〟ですよ。梨田（昌孝）さんも東尾（修）さんも、いまだに〝チャボ〟。まあ、親しみを持って呼んでくれるからいいとしても、さすがに五十歳を過ぎたいまは、そろそろ卒業させてくれないかな、と思っているんですが。

投げたボールが大沢親分に直撃

二軍暮らしのままの初めてのキャンプが一週間続き、二週間がたったころ、一軍から大沢監督が、二軍を視察にきたんです。グラウンドに入ってきて、福田さんの横でなにかを話していた。

ところがですね、例によって〝奥の外野〟を守っていた僕には、大沢さんが入ってきたのがわからなかったんです。いつものように、コンチクショー、福田に当たれ！とボールを投げた。それがなんと、福田さんの横にいた親分の腹に直撃してしまったんです。

皮肉なものですよね。狙っても狙っても福田さんには当たらなかったのが、たまたま視察にきた大沢監督に当たるのですから。ホールインワン、みたいなものです。いやいや、そんなのんきなことをいっている場合ではありません。一番当ててはいけない人に当ててしまった……。

「痛えな、誰だ！」

親分の、ドスの利いた声が響き渡り、グラウンドが一瞬静まり返りました。まずい……。しかし、黙っていても、いずれはバレてしまうことです。

“親分”こと大沢啓二さん（中央）。座っているだけでこの迫力。左は現在中日のコーチを務める高代延博，右は東映時代からエースとして活躍していた高橋直樹さん

「島田です！」

おそるおそる、白状しました。

「このヤローてめえ、一体どこに投げてるんだ！」

ダッシュで駆けつけ、平謝りする僕に大沢監督がまくし立てました。

「だいたいお前、あんなところでなにをやってんだ、このっ！」

「いや、あの、打撃練習の間ずっと球拾いをさせられるので頭にきて、ぶつけてやろうと……」

「誰にだ？」

「福田さんです」

これにはさらに大沢さんが怒りまして、

「てめえコノヤロー、ふざけんなよ。二軍監督はお前の上司だろう。上司を狙

って投げるとは、どういうことだ！」

こってりと、絞られました。さんざん怒られ、ああ、これで当分は二軍暮らしか、また球拾いが続くのか……と覚悟を決めたあと、なにを思ったのか大沢さんが、ポツリとこうもらすんです。

「お前、明日から一軍に来い」

「えっ？ 今度は一軍の球拾いですか」

「バカヤロー、球拾いじゃねえ、紅白戦の頭数が足らないから、数合わせだ」

地獄に仏、とはこのことです。人数合わせとはいっても、一軍は一軍です。にわかには信じられなかったんですが、翌日……本当に一軍の紅白戦に呼ばれたんですよ。九番ライトで試合に出してもらい、僕は杉田久雄さんというピッチャーから四打数三安打を記録するんです。二軍でも満足に練習させてもらえませんでしたから、決していい当たりではありませんでした。サードの後ろに落ちたり、一二塁間のボテボテだったり。それでも、どこを見込んでくれたのか、試合のあとで大沢さんがひと言。

「明日から一軍に合流しろ」

もう、うれしくてしょうがありませんでしたね。これで二軍の宿舎とはおさらば、部屋は鉄筋コンクリートに格上げだ、福田さんの陰険ないびりもないし、たっぷり練習し、このチャンスをモノにして、もう二度と二軍には戻らないぞ……。

ところが、間の悪いことにその日の夜、四〇度の熱が出て、寝込むことになりました。知恵熱といいますか、うれしくて興奮したんでしょうね。それに自主トレからの疲れ、緊張感の反動が一気に出て、高熱になったのかもしれません。一軍への合流を励みに、三日後には治ったんですが、マネージャーが走ってきてこういうんです。

「風邪を引くような、体調管理のできない奴は一軍にはいらない。大事な主力に風邪をうつされてはたまったものじゃないし、明日からまた二軍で練習しろ」

ガクッときました。なんてツイていないんだ、たった一度も練習に合流しないまま、一軍が遠のいていくなんて……熱が出たのは自己責任ですから、なおさら情けないんです。それだけではなく、打ちひしがれた気分で翌日二軍の練習に復帰したら、「多摩川に帰れ」という通告。二軍選手も鳴門で練習しているというのに、たった一人で東京に帰り、たった一人で練習しろ、という残酷な追い打ちです。これはつらかったですね。

当時は本州と四国には橋が架かっていませんから、鳴門から岡山までフェリーで出て、岡山から東京まで新幹線。ひたすら重い荷物を引っ張りながら、東京駅で山手線に乗り換えて、渋谷からは東横線に乗り換えて新丸子まで。切ないです。スタートラインにさえ立つことができず、夢も希望もなく、バットを肩に、重いスーツケースを引きずって、寮までをトボトボ歩く絶望感。途中、どうにも腹が減って、行きつけの中華屋さんに立ち寄ったら大将が、「どうしたの。早いね、帰りが。もうクビか？」と、こちらの気も知らないで陽気な声をかけてきます。

キャンプの日程がまだ一週間ほど残っている、二月後半の話。ですから、僕のたった一人の帰京は、確かに〝早い〟んですよ。それだけでも屈辱なのに、福田二軍監督からの指令は、「二軍の本隊が戻るまでに、きちんとグラウンド整備をしておけ」というものでした。多摩川の河川敷にあった当時の二軍グラウンドは、けっしてすばらしいグラウンドではありません。ボコボコで水はけは悪いし、台風の季節なら増水した川につかって、やっと水が引いたと思ったら、グラウンドにフナやコイが死んでいたくらいです。

そういうグラウンドにローラーをかけ、草をむしり、破れた金網を直し……二月下旬とはいえ、吹きっさらしの河川敷は寒風が身にこたえます。正確にはたった一人ではなく、グラウンドキーパーの方と二人の作業。それでも、グラウンドは途方もなく広く、いくら整備してもいつまでも終わりませんでした。

練習ですか？　そんな環境ですから、できることはタカが知れています。ひたすら走ったり、ネットに向かってボールを投げたり、マシン相手に打ち込みをしたり。百球打ったら、そのボールを集めるのも自分しかいません。東映時代から続く木造の古い寮に戻った

10円玉をたくさん積み上げ，宿舎から誰かに電話中

ら、食事のあとさらに打ち込みと素振りです。

きついなあと思いましたね。たった一人ですから、弱気にもなってきます。まさかとは思うけど、このままじゃあ本当に一年でクビになるんじゃねえのか……。そうやって気持ちが萎えかけるたびに、自分にいい聞かせたものです。いや、このままつぶれては負け犬だし、福田さんの思うツボだ。なんとか一人前になり、一軍で活躍してやる。それでこそ、福田さんを見返すことができるんじゃないか――。島田誠、二十二歳の春のことでした。

大学は二年で中退するハメに……

大した実績もなかった高校時代。一度色気を見せてくれた南海のスカウトも、ヒジを故障したと知るとパタッと姿を見せなくなりました。僕は、ピッチャーよりも打者としてやりたかったのでそれでもよかったのですが、いったんは開きかけたプロへの道が閉ざされたわけです。それがどうして、四年後にプロ入りできたのか。これもまた、波瀾万丈です。

甲子園にはほど遠かったものの、高校生活最後の試合で打ったホームランをきっかけに、いくつかの大学が僕に興味を持ってくれるようになりました。早稲田大学もその一つで、知名度の低かった直方学園高校としては、大喜びですよ。それまでの卒業生のうち、早稲田に進んだのは誰一人いないんですから。

ただし、野球部の太田八洲男《やすお》監督は、別の考えでした。早稲田に進んだ場合、学業も大変だし、四年では卒業できないだろう。幸運にもプロ入りできれば、卒業しなくてもまだいいとして、島田の体では公平に見てプロは厳しい。だから、しっかり大卒の資格を取るためにも、卒業しやすい大学へ行ったらどうだ――。

ああ、それももっともだな、と。ただし、どうせ大学で野球をやるなら、レベルの高い首都圏でやりたい、という気持ちはありました。そこで東海大、亜細亜大といったところのセレクションを受けたんです。確か高校三年の夏休みのことでした。セレクションの実技では、受けた大学のどこもほとんどトップの成績で合格なんですよ。

ただ、僕のネックは、甲子

高校３年のころ。左は後に妻となる逸子

園に出ていないことでした。大学の場合、高校時代の実績が、特待制度の内容を左右するんです。本人の力はともかく、甲子園に出ていれば入学金も学費も免除。出ていなければ、免除は入学金のみ……というように。甲子園の出場歴がない僕の場合は、毎年の学費は負担しなければなりません。当時の島田家は、あまり金回りがよくなかったこともあり、これ以上親に迷惑はかけたくない、と首都圏への進学はあきらめました。

さて、どうしようか……と思案しながら九州に戻ると、野球部長から、

「九産大（九州産業大学）から話がきている」

といわれました。一九六〇年設立の大学で、スポーツで知名度を高めたいという戦略のようです。しかも、僕が承諾すれば同級生をさらに三人受け入れる用意があるというのですから、学校にとってはおいしい話でしょう。先生は「行け」と勧めるし、僕も野球を続けたかったので、一も二もなくＯＫしました。

形式だけでいいから、とセレクションを受けにいったのですが、僕はベンチにすわっているだけなんですよ。進学を希望したほかの三人は五〇メートル走とか、バッティングとか、実技試験を受けているんですが、ユニフォームに着替えたはいいものの、僕は入学する意思があるかどうかを確認されただけです。

不安になって聞くと、

「君はすわっとってくれ、実技免除だから……」

そして一週間後、学校に合格通知が届きました。私はA特待、ほかの三人はB特待。A特待というのは、入学金も授業料も免除です。そのころ兄はすでに社会人で、「誠だけは大学に行かせてやってくれ」と、毎月父に仕送りをしていたそうです。大学に行けなかった自身の経験からでしょう。A特待ともなれば、父が手をつけずにいた兄からの仕送りを切り崩さなくてすみます。父とも相談し、僕は九産大進学を決めました。

福岡六大学リーグ所属の九産大野球部は、僕が高校三年だった一九七二年、初めて大学選手権に出場するなど、力をつけ始めたチームでした。以後は全国大会の常連となり、春・秋通算では九州共立大に次ぐ三十回の優勝。二〇〇五年の神宮大会では、初めて全国制覇を遂げています。一九七三年、その九産大に進んだ僕は、一年の春から出場し、ベストナインに選ばれました。高校野球では江川卓、競馬では地方から中央にデビューしたハイセイコーがともに怪物と騒がれ、秋にはオイルショックに見舞われる年です。

一年、二年と、まあ順調にリーグ戦で成績を残し、大学生活にすっかりなじんでいたんですが、二年の終わりにちょっとした事件がありました。事件といっても、一科目分単位が足らずに留年が決まったという、まあ自分の責任によるものなんですけどね。ただ入学するときに、特待の条件として四年間で必ず卒業させる、とお墨付きをいただいていました。それなのに留年。野球には関係ないとしても、僕としては年下と同じ学年になるのがどうも我慢なりませんでした。話が違うやないか、と学校に掛け合いましたが、聞き入れられません。すると、そこは若気のいたりです。後先を考えず、すっぱりと大学を辞めてしまったんですね。

ただ、父にはそれをいい出しにくい。春休みが終わり、野球のシーズンになっても家にいる僕に、

「誠、なんで家におると？　練習、始まったんじゃないとね」

一度や二度なら、腹が痛いとかでなんとかごまかせますが、いざリーグ戦が始まると、もういけません。近所の人から「マコちゃん、大学の野球出ていないけど、どうした？」といわれるにいたって、さすがに不審に思ったようです。

「誠、野球どうしたんね？」

こうなると、腹をくくって白状するのが僕の性格です。

「ああ、留年して辞めた」

これには、さすがに野球には無関心だった父もあわてましたね。大学に乗り込んで、

「ちゃんと四年で卒業させるというたやないか」

と、関係者に向かってすごい剣幕です。ただし、こちらにも弱みがあります。四年で卒

業、というのはあくまでも口約束で、きちんとした文書で残ったものではなかったんですね。いった、いわないという水掛け論が続きましたが、いくら話が違うと主張しても、その根拠になるものがありません。

結局、一度決まったことをくつがえすのは不可能、ということで、僕は大学を中退することになったんです。ただし本人は、なーに、中退してもなんとかなるわい、もともと勉強は性に合わんかったし……と、いたって気楽なものでした。

九産大のグラウンドは、福岡市東区のキャンパス内にあります。退学が確定し、家に帰ろうと父と乗り込んだ車の中で、しばらく左手にあるグラウンドを助手席から見ていました。二年間とはいえ、こんな楽しいこともあったな、あんな苦しいこともあったな……と思い出にふけり、ふと運転席に顔を向けると、父が泣いているんですよ。ボロボロボロ……と、こぼれる涙をふこうともせずに泣いている。泣いとんなあ、悔しいんだろうな、オヤジが泣くのを見るのは初めてだな……。自分が父を泣かせたというのが、どうにもやるせなかったですね。やがて父が、きっぱりというんです。

「こういうことになった以上は、つべこべいっても仕方がない。だけどな、誠。なんとかして、九州産業大学を見返してくれんか」

「ああ。それはいいけど、どうしたらいいんやろう」

それまで好きなようにやらせてくれた父のひと言が，プロを強く意識するきっかけになりました

「プロに行ってくれ。ずっと大学に通ったとして、四年で卒業する年齢にはプロになってくれ。そして、大学を見返してくれ」

これまで、自分の好きなようにやらせてくれた父。「こうしろ」と強くいわれるのは、初めての経験でした。僕を生むかどうかの占いでは、生んだら世に名を残すことになるといわれたのですが、名を残すとしたら野球しかない、と思っていたのでしょう。中学校までは、プロ野球といってもテレビで見る別の世界です。高校のとき、スカウトがきたといっても現実感はなく半信半疑で、ケガをしたら見向きもしなくなったことにむしろ反感を持ちました。

プロ野球か……。プロ野球選手になる、と強く意識したのは、このときだったかもしれません。そしてそれは、父の涙がきっかけだったんです。

弱小なのにプロ選手を輩出するチーム

大学を辞めた僕ですが、いまでいうフリーターのように、ぶらぶらできる優雅な身分ではありません。一日も早く、就職しなければ。しかもプロになろうと意識した以上は、野球ができる会社じゃなくてはなりません。直方学園で練習させてもらいながら、部長に就職先を探してもらう日々でした。しかし、オイルショックの余波で景気がいいとはいえない時期です。北九州ならば、新日鐵八幡はどうだろう。会社自体が人員整理をしているからとても無理だ。九州産交は。いや、難しい。

年度が始まったばかりです。どこの会社でも採用はとうに終わっており、職探しはなかなかうまくいきませんでした。高校三年でヒジをケガしたとき、父は僕の姓名判断をしてもらったそうです。それによると、「誠というのは、天才か最悪かという強すぎる名前である」といわれたらしい。悪いことが続くし、それならいっそ改名しようか……といわれたものですが、

「親がつけてくれた名前。もしうまくいかなくても、それは自分の責任だから、名前はそのままにしておきたい」

と僕は断りました。そんないきさつがあったからか、父は「やはり、名前を変えておけばよかったか」と後悔していたようです。それでも、単位が足りずに大学を中退したのも、職がなかなか見つからないのも、決して名前のせいなんかじゃありません。すべてが、僕自身のせいです。

ともかく、どこかに就職しないと……とあせり始めた時期、当時直方学園の監督をされていた藺牟田《いむた》さんが「私の弟が、名古屋の丹羽鉦電機という会社で野球をしているので、もしかすると、採用してくれるかも」とのこと。ワラにもすがる思いで、電話を入れていただきました。

丹羽鉦電機の池田和隆監督のお父さん・義定さんは、元は中日のスカウトとして、中津工業高校時代の大島康徳さんを発掘した人です。引退後は福岡に住み、僕のことも高校時代から見ていてくれたらしい。その池田義定さんも直方学園にこられて、もし丹羽鉦電機に行きたいのなら、監督をしている長男の和隆に頼んでおこうか、といってくださいました。島田といういい選手がいるから、とってくれるか……。

その口利きで、丹羽鉦電機への入社が決まったのが五月でした。経営が決して順風とはいえないにもかかわらず、僕を採用してくれたんです。感謝の気持ちでいっぱいでした。連休が開けてから名古屋に行き、監督の池田和隆さんにお会いしたところ、

「おお、待ちかねたジョンソンだよ」

と迎えてくれたのを覚えています。一九七五年のこと。その年巨人に、久々の外国人選手として、メジャーリーグで実績を残したジョンソンという選手がやってきたんですね。引退した長嶋さんの後釜として、待望の選手。池田さんはそれに引っかけ、〝ジョンソン〟といったわけです。丹羽鉦電機野球部では、僕の入社前、もし島田を入社させなければ練習をボイコットする、というほど待ち望んでくれていたようで、みんなで歓迎してくれました。

丹羽鉦電機は、碍子《がいし》（電柱と電線の絶縁体になる白い磁器）を作る会社です。就職が決まってホッとしたんですが、その仕事と野球との両立はとんでもなくきつかったですね。寮の横に工場があるのは助かりましたが、八時から五時までそこで働き、すぐ寮に帰り着替え、マイクロバスで練習会場に移動。練習が終わったら、走って寮に帰ってくる。当時、社会人野球の強豪といえば、仕事は午前中のみ、午後からまるまる練習、シーズン中になれば一日練習……というのが当たり前です。それにひきかえ丹羽鉦電機は、ほとんどクラブチームのような環境でした。

丹羽鉦電機は，レベルは決して高いとはいえなかったのですが，多くのプロ野球選手を輩出する不思議なチームでした

大卒の初任給が八万三千円だった一九七五年、給料は満額で三万六千円でした。会社自体、もともと野球部を持つ体力はなかったのでしょう。やっていた野球のレベルも、高くはありませんでした。ただ、大学を中退した僕としては、野球ができる環境があっただけでもありがたい。

そして、なぜか丹羽鉦電機には、個人的にはすごい選手がいたんです。一九七四年には九州産業高校出身のピッチャー・川原昭二さんがドラフト二位で日本ハムに入団。一九七五年は、博多商業高校からきた福島秀喜というピッチャーが日本ハムのドラフト一位、また中村武義さんという柳川商業高校出身のピッチャーも、やはり日本ハムのドラフト三位で入団しています。こう見ると、いずれも九州出身で日本ハムへ、というのが因縁めいていますね。とにかく、弱小ながら毎年のようにプロ野球選手が出るという、不思議なチームでした。

アメリカ滞在、そして野球部解散

一九七五年のシーズンが終わり、新チームでは、僕がキャプテンを務めることになりました。若手が多いチームで、二十一歳の僕が年長のほうだったんです。その一九七五年も押し詰まった十二月、池田監督から願ってもない話を持ちかけられました。アメリカに行って、むこうの野球を見てこないか――。池田さんのオヤジさんが、当時ドジャースの職員だったアイク生原さんにツテがあり、その縁でいろいろ見させてもらったらどうか、ということでした。

当時は、現在のように日本人メジャーリーガーがわんさかいるわけもなく、大リーグの試合が中継されることさえ、まずありませんでした。いわば別世界です。また、猫も杓子も気楽にアメリカへ、という時代ではなく、つまりアメリカ野球を実際に目で見ることは、貴重な財産だったんです。

この話に飛びついたのは、私を含めて丹羽鉦電機の三人でした。パスポートを取得し、まずハワイを経由してロサンゼルスへ。全員が、英語などちんぷんかんぷんです。乗るはずの便に乗り遅れるなどの騒動はありましたが、どうにかロスに着きました。ここがアメリカかあ、西海岸かあ。すげえなあ、広いなあ……。当時、カリフォルニア州立大に在学していた知人を頼っての旅でした。どこかで、野球を見られるところはないだろうか。質問したわれわれに返ってきたのは、思いもかけないつれない答えです。

「なにいってんの、いまは十二月だよ。野球はオフだよ、オフ。ベネズエラにでも行けば別だけど、いったいなにしにきたんだよ」

考えてみれば、当然の話ですよね。アメリカに行けるというだけですっかり有頂天になっていましたが、陽光さんさんのイメージがあるカリフォルニアといっても、冬は冬です。野球などやっているわけがありません。途方に暮れました。どうせなら、九月か十月に来ればよかったのに。だいたい、監督もいい加減だよ、下調べくらいしておけよなあ……。

あわてて情報を集めると、スプリングキャンプが始まるのは二月からで、それもまずは南のマイアミ方面かららしい。ロスあたりまで北上してくるのは、せいぜい三月です。いまは、十二月上旬。とんでもないですよね。

最悪なのは、手配してもらったのが行きのチケットだけで、帰りのチケットがないんですよ。これは自前でなんとかしなければいけない。二十一歳の僕が最年長ですから、持参した金額などタカが知れています。当時は一ドル二四〇円時代ですし、三人分のチケットを買うには、あり金全部をはたいても心もとなかったのです。第一、「アメリカに行ったけど、野球はやっていなかったよ」とすごすご帰るのもバカみたいな話です。とにもかくにも、せっかくアメリカに来たんだから、会社が許してくれるなら、できるだけ長く滞在しようじゃないか。三月まで待てば、キャンプを見学できるかもしれない、なーに、なんとかなるだろう——。このへんは、お金はなくても好奇心だけはたっぷりある若さの特権でしょう。

意気揚々とアメリカへ。しかし……

となると、とりあえずお金を稼がなくてはいけません。当面の生活費もそうですし、そもそも、働かなければ帰りのチケット代がないのですから。節約するため、早々にホテルを引き払い、安アパートを探しました。見つかったのはメキシコ人が多く住み、ちょっとでも車を止めればタイヤやエンジンがすぐに持ち去られるという、危険なエリアです。それでもお金がない以上、ぜいたくはいっていられません。

住まいが決まったら、次は職探し。アルバイト募集の広告から日本人の経営するレストランを見つけ、僕は広島出身の方がやっているお店、後輩たちはリトルトーキョーのお寿司屋さんなどで働くことになりました。野球の勉強に行ったはずなのに、キッチンヘルパーの修行のような毎日でしたよ。お店の掃除から始まり、下ごしらえ、野菜を切り肉を焼き、海老の皮むき、皿洗いから接客まで、あらゆることをやりました。でも、レストランで職を得たことは助かりましたね。三人とも飲食店にもぐりこみましたから、食事には困らないし、あまりものも持ち帰ることができる。しかも働くのがおもしろく、真面目に仕事をするものですから、お店の人がえらく親切にしてくれました。しまいにはお店のカギも渡され、必要があればステーションワゴンも貸してくれ、自由に使えたんですよ。

車といえば、僕が運転免許を取ったのがこの滞在中です。日本にいるときには、万が一事故でも起こしたら選手生命にかかわりかねない、と父から固く禁じられていたのですが、アメリカでは三ドルあれば免許が取れたんです。取らない手はありません。免許を取るには、筆記試験と実地があります。筆記の問題は○×式で、当然英語で書かれていて細かいことはわからないんですが、そこはちゃっかりカンニングなどして……まあ、うまくやりました。実地の運転も、二回目でパス。その場で写真を撮り、カリフォルニア州のライセンスをもらいました。

肝心の野球はというと、走ったり、バットを買ってきて路上でスイングする程度。一度、夜に三人で素振りをしていたら、パトカーがきましてね。巡回のパトカーが止まり、降りてきた警官が、

「ん？　いったいなにをしているんだ？」

「なにって、プラクティスですよ。見ればわかるでしょう」

と答えたものです。いま考えれば、筋肉もりもりの男が三人も、暗がりでバットを振り回しているのですから、見るほうからしたら不穏なものを感じたでしょうね。ケンカか、それとも暴動か――。

毎週土曜日には、どこかのパーティーに呼ばれます。女の子と話すチャンスもあったんですよ。アメリカで暮らすうちに、話すのはともかく、相手のいっていることはなんとなくわかるようになるんです。また、若い男三人ですから、ストリップに行ったりもしました。年齢制限があり、十九歳以下は入れてくれない。僕は童顔だったので、入口の係に「イレブン？」とか聞かれるんですよ。体も小さいし、十一歳はオーバーにしても、二十

歳以上には見えなかったんでしょうね。「ノーノーノーノー！」とパスポートを見せ、大いばりで入場できました。かわいそうなのは、いっしょに行っていた十九歳の後輩です。入れないので、指をくわえて車で待っているしかない。

「おとなしく待っていろよ。俺が、女性の姿を目に焼き付けてきて、あとで教えてやる」と僕。ストリップを見たあとは、たまらなくなって売春エリアを冷やかしたり、ヌーディスト村で裸の男女に加わってビーチバレーをしてみたり。野球を学びにいったはずなのに、まったく、なにをやっているんだか……。

帰国のためのチケット代稼ぎは順調でした。僕の場合、最初は週給九〇ドルで、働きが認められるうちに一〇〇ドルになったんです。それにしてもアメリカというのは、豊かな国でしたね。日本での月給が三万六千円でしたから、十日も働けば日本の一カ月分になるんですよ。そうして、チケット代には十分なお金が貯まった一九七六年三月のこと。会社から「そろそろ帰ってこい」という指令が届きました。シーズンに備えて、キャンプが始まる時期になっていたんです。滞在四カ月弱。日本に帰ってからほどなくアメリカでオープン戦が始まるというのですから、なんとも間抜けなアメリカ滞在でした。

帰国すると、会社の苦しい経営はより深刻になっていました。四カ月も休んでいた僕などは、会社としてはすぐにでもお引き取り願いたかったでしょう。それでも野球部の連中は、ボーナスが出なくても文句もいわず、たまの休日にも夜遊びにも行かず、八時から五時までの仕事をきちんとこなしていましたから、人員整理する理由がありません。ですが、もともと野球部を運営する体力がなかった会社。経営悪化が長引くにつれ、野球部の解散も時間の問題、という空気が、だんだんと濃くなっていきます。

七月のことでした。都市対抗の東海地区予選がありましたが、キャプテンの僕は、すでに休部が決定したことを聞かされていました。本田技研との試合前でしたか、池田監督が僕を呼んで、

「島田、みんなにいえよ。今日の試合は勝たないほうがいいんだって。勝っても、次の試合まで滞在する資金すらないんだよ。わかっているだろう」

「いや、僕の口からはそんなこととてもいえないですよ。監督がいってくださいよ」

「いいや、キャプテンがいえ」

監督といっても、僕と五歳ほどしか年が違いません。若いだけに社会経験も浅く、休部などという切ない話を、仲間たちにうまく切り出すことなどできそうもありません。だから、つらい役目を押しつけ合いました。結局、僕が話したのはこんな言葉です。

「今日の試合……わかってるんだろうな。あれだから、あれしろよ」

意味不明ですが、もうみんな薄々はわかっているんですよ。部の存続が危うい、と。そ

うか、これが最後の試合か。もし勝っても、次はない。だけど勝ち負けは関係なく、思い切りプレーしたいよなあ……。

結局、強豪を相手にいい試合はしたのですが、最後の試合は負けて終わりました。そのあと、全員で記念写真を撮りました。みんな、和やかないい表情ですが、写真を撮ったあとは、人目をはばからず全員で泣いたものです。これで終わってしまうのか……。一九七六年の夏を限りに、丹羽鉦電機野球部は解散。僕が在籍したのは、わずか一年半でした。

雑草軍団・あけぼの通商

大学は中退――これは自分の意思ですが――するわ、ようやく探した社会人チームは解散するわで、踏んだり蹴ったりの僕。一九七六年といえば、大学にいたら四年生にあたる年です。プロ入りするという父との約束を果たすリミットが、すぐそこに迫っていました。

とはいえ、野球をする場さえ失っては、プロどころではありません。取り残された二十数名の部員とともに、途方に暮れたものです。野球を続けたければ、会社を辞めるしかありません。とはいえ、どこにも引き取り手はない――。そんなとき一肌脱いでくれたのが、〝オヤジさん〟こと池田義定さんでした。

丹羽鉦電機野球部は，僕が入部して１年半で解散。ほとんどの部員は“オヤジさん”が作ってくれた新会社「あけぼの通商」に入社することに

丹羽鉦電機の野球部には、オヤジさんのツテで九州出身者が多かったんです。自然、解散したあとは、みんなで九州に帰って野球ができたら……という希望がありました。その願いを聞き届け、オヤジさんは、十一月に「あけぼの通商」という会社を設立するんです。味噌や醬油などの行商をしながら、十分ではなくても野球のできる環境を用意しようじゃないか。丹羽鉦電機のほとんどの部員が、この新しい会社に移ってきました。のちに日本ハムでもチームメイトとなる柴田保光も、その一人です。島原農業高校を卒業し、丹羽鉦電機に入社したばかりでした。

あけぼの通商での仕事は、朝十時に商

品を積んだライトバンで事務所を出て、団地などの人の多いところを売って回り、夜十時が帰社です。ジャージに短髪で、たくましい男たちが団地で声を張り上げると、なにか変なふうに見られたものです。戸別にドアをたたき、突撃販売を試みても十中八九は「いらない」と門前払いです。そのたびにくじけそうになるんですが、「いや、一度断られたくらいなんだ。スポーツマンは、二度目も行くんだ！」などと強がりをいいながら、また別のドアをノックする繰り返しでした。

そんな生活ですから、平日は朝のランニング程度で、練習できるのは日曜日くらいでした。それにしても、ようやく手配した町営グラウンドは、狭い軟式用のもの。むろん、活動の予算はスズメの涙ほどでした。フェンスの外の茂みにファウルボールが消えると、全員で必死に探したものです。なにしろボール一個とはいえ、なくしたら経済的に負担になりますから。寮は六畳間に二段ベッドが二組ずつで、汗臭く湿っぽい部屋からは、絶えずいびきと歯ぎしりの音が響いていたものです。支えになったのは、いつかはプロになってやるという思いだけでした。

実は九州に帰ったとき、オヤジさんから話があったんです。

「島田、中日から話がきているぞ。ほかにも日本ハム、クラウン、ロッテ、阪神が興味を持っているようだが、よければドラゴンズに行かないか」

「ああ、名古屋ですか。この間まで暮らしていたところですし、行けるものなら行きたいですね」

中日のスカウトの方も、挨拶に見えました。チーム事情もあり、上位指名というわけにはいかないが、ドラフト六位指名でもいいだろうか、という打診です。もう、有頂天です。よし、なんとかプロに入れるぞ。アメリカでろくに練習もせず、ふらふらしていたころを思えば上出来じゃないか。実績はなくても、見る人は見ていてくれたんだ……。さらに親と相談したところ、大学を見返してくれ、といっていた父は「ぜひ、行ってくれ」と大乗り気です。それでは中日にお世話に、とほかの四球団を断り、あとは十一月十九日のドラフト会議当日を待つだけでした。

そのドラフトも前日になり、中日のスカウトから電話がありました。別の選手を指名する戦略上、島田君、申し訳ないがドラフト外でもいいだろうか。僕はハナから、プロに入れれば指名順などどうでもいい、あとは実力勝負という頭でしたから「いいですよ」と了解しました。ですからドラフト当日、全球団の指名が終わっても、僕の名前はとうとう出ずじまい。それは当然なのですが、色めき立ったのは中日以外の四球団です。「中日さんの指名がなかった以上は、ぜひともウチで」というわけです。ですが、いわば中日からツバをつけられた状態。いや、申し訳ありませんが、ドラフト外で入団することになりそうなので……と恐縮しながら、内心では鷹揚にかまえていました。

ところが、です。一日たち、二日たち、一週間……。待てど暮らせど、中日からの話が全然こないんですね。たまらずに問い合わせると、いま、あるトレード話が進行中で、それが成立したら即契約しましょう、とのことでした。ところが、その移籍話が難航して、全然決まらない。そわそわと居ても立ってもいられない気分ですが、獲得してもらう立場のこちらとしては、待つしかありません。やがて十二月。それでも決まらず、十二月も下旬になり、年を越したときには、とうとう移籍話自体がご破算になってしまったんです。

しかも、中日に電話を入れると、

「ウチには谷木恭平、田尾安志、藤波行雄、谷沢健一……と、左の好打者がわんさといる。球団の方針で、もう左はいらない、ということになりまして……」

獲得を見送る、というわけです。それじゃあ話が違うじゃないか、と。ドラフト外で獲得するという話を頼りにほかの球団をお断りしていたのに、いまさら反故にされてはスジが通りません。そっちが約束を違えた以上、こちらも好きにさせてもらいます、と四球団に事情を説明し、お願いしました。もはや、中日に義理を通す必要はありませんからね。

また、なんとしても父との約束を果たしたい僕としても、なりふりかまってはいられません。一月上旬に日本ハム、阪神、ロッテ、クラウンと、お話を聞きました。いずれも事情を理解してくれ、獲得に好意的だったのはありがたかったですね。

なかでも、もっとも高い契約金を提示してくれたのが日本ハムでした。別に、金銭に執着したわけじゃないですよ。ただ、世話になった両親に恩返しをしたかったし、プロとしてやっていく以上は、稼ぐ金額が評価の物差しだと思ったんです。むろん短かったとはいえ社会人時代には、お金を稼ぐ大変さというものを身にしみて感じていました。それで、日本ハム入団を決めたんです。入団発表の、わずか十日ほど前のことでした。

ですから、中日には恨みがありましたね。どんな事情があっても、宙ぶらりん状態で待たせに待たせたうえ、あげく約束をくつがえすとは。僕がプロ入り二年目でほぼレギュラーの座を獲得したとき、「(中日が)逃がした魚はでかかった」ということが新聞に書かれ、ざまあ見ろ、といい気分だったものです。

アメリカ生活を経て、丹羽鉦電機の解散からプロ入りまでは四カ月ほど。あけぼの通商の在籍期間は、わずか二カ月でした。あけぼの通商はその後、およそ九年ほど存続して自然に消滅したといいます。その間、先ほどふれた柴田をはじめ、私を含めれば八人もがプロ入りしています。練習環境は涙ぐましいもので、むろん全国大会の出場経験など皆無でした。そんな弱小チームが、これだけのプロ選手を輩出しているのは、一つの奇跡ではないでしょうか。

ぶっつけ本番で一軍へ

契約金七百万円で晴れて日本ハムに入団した僕ですが、正直なところ、プロ野球に対する予備知識はあまりありませんでした。失礼ながら、日本ハムの監督だった大沢さんの名前も知らない程度。観戦歴といえば高校三年のとき、平和台球場で西鉄対ロッテを見た一回こっきりです。西鉄ライオンズの最後の年で、ロッテから移籍してきた榎本喜八さんがいて、左中間にうまく打つなあ、と芸術的な打撃に驚いた記憶があります。そうそう、柳川商から入ったばかりの若菜嘉晴さんもいました。監督は、亡くなった稲尾和久さん。若菜さんにしろ、稲尾さんにしろ、後年同じテレビ局で仕事をすることになるのですから、おもしろいですね。またこれも偶然ですが、ロッテの監督を務めていたのが大沢さんでした。

大学にいたころには、平和台球場でチケット切りのアルバイトをしまして、休憩時間にはプロ選手の練習風景を眺めたものです。西鉄から経営を引き継いだ太平洋クラブには、メジャー通算三八二ホーマーの大物・ハワード（開幕戦に出場しただけで故障し、期待はずれで帰国しましたが）とビュフォードという外国人選手がいて、加藤初さんが投げる夕マの速さにはビックリしました。プロっちゅうのは、すごいピッチャーがいるもんだなあ……。

そういえば、その一九七四年に誕生したばかりの新球団・日本ハムの試合も見ましたよ。中西太さんが監督で、張本勲さん、大杉勝男さん、白仁天さん……そうそうたるメンバーでしたが、僕が入団したときにはチーム改造によるトレードで、皆さん別のチームに移っていました。

ただし、プロの世界に飛び込んだはいいものの、「一年でクビ」宣告を受け、不注意による風邪でせっかくの一軍昇格のチャンスを逃し、二軍キャンプからもたった一人東京に強制送還された身。たった一人では、できる練習も限られています。野球がしたいのに満足にできないもどかしさで、叫びたいような日々でした。夢も希望もない、とはこのことです。ただ、運というのは巡ってくるものですね。二軍の選手たちがキャンプから帰ってくる前日のことでした。

その間一軍は、温暖な地方から、オープン戦の遠征の真っ最中です。ところが、レギュラーだった岡持和彦さんが肉離れを起こし、外野のポジションが手薄になったというのです。そこで、東京にいる島田を呼べ、ということになったようです。千載一遇とはこのことです。とはいえ僕は、実戦的な練習はまったくしていません。なにしろ、たった一人の練習に明け暮れていたのですから。幸い翌日から、川崎球場での教育リーグ（二軍のオープン戦）が組まれていました。ここでの二試合で結果がよければ、一軍に合流させよう、という話になったんです。

これは張り切らざるを得ませんね。再び巡ってきたチャンスですし、練習不足などは言い訳になりません。確か最初の試合が巨人で、次がロッテ。しゃにむにボールに食らいついた僕は、初戦で五打数五安打、次が四打数二安打と、なんとか結果を出すことができました。こうして、晴れて一軍に合流することになったのです。ロッテ戦のあと、福田二軍監督が全員をロッカーに集め、

「島田が、明日から一軍に合流する。どうせ通用しなくてすぐに帰ってくるだろうけど、いまのうちだけあたたかく見送ってやってくれ」

と、相変わらずの憎まれ口です。この人はなぜ、僕につらく当たるんだろう……と、うんざりしたものです。ですが、憎たらしい、いつかきっとハナを明かしてやる――という思いが僕を発奮させ、エネルギーになっていたことも確かでした。そして福田さんは、二軍の選手たちを前にこう続けました。

「島田が昨日今日と打てたのはなぜか、わかるか。お前らは、もっとうまくなりたい、いいフォームで打ちたいと毎日毎日同じように練習しているが、大切なものを忘れている。

島田は、お前らのような練習はなにもしていないんだぞ。マシンのタマは打っても、生きたタマはまるで打てていない。それが、たっぷり練習しているお前たちよりも、なぜ打てたのか。

野球は、姿かたちだけじゃないんだ。この男が打てたのは、必死に食らいついていこう、なんとかヒットを打とうという姿勢が、バッティングに出たからだ。フォームがどうだとか、変化球にどう対応するかとかいうことも大事だが、島田はそんなことよりも、投げられるタマに向かっていっただけだ。お前たちに足りないのは、それなんだよ」

入団間もないころ。ユニフォームの「Nippon Ham」のロゴが懐かしい

たっぷりと練習できて当たり前、という感覚が、知らない間にマンネリ化をもたらしていた、というので

しょう。その点僕は、チームと練習できるだけで新鮮で、試合ともなれば出してもらうだけでありがたかった。そして、とにかくこのピッチャーを打ちたい、とにかく結果を出さないと使ってもらえない……という必死の姿勢が、ヒットに結びついたのでしょう。ただそれは、たまたまでした。練習の絶対量が足りませんから、きちんとしたバットスイングができていませんし、細部では修正点もたくさんあったはずです。一軍のレベルでは、おそらくは通用しない。福田さんはそれを見越したうえで、「すぐに帰ってくるだろう」といったのでしょう。

ですが、このときから、福田さんへの見方がちょっとずつ変わりました。なにしろ自主トレから通じて、初めて島田という選手を認めてもらったようなものですから。ピンクレディーが「ウォンテッド」を歌った一九七七年のことです。

こうして一軍に呼ばれた僕は、オープン戦の行われている九州へ向け、たった一人で飛行機に乗りました。鳴門から強制送還されたときとは、正反対です。気分はまさに、意気揚々としたものでした。ぶっつけ本番で一軍の紅白戦をこなした翌日。佐賀県は伊万里球場で、クラウンライターとの一戦です。もちろん、岡持さんがケガしたからといって、すぐにスタメンで出られるわけもありません。それでも、初めての一軍で張り切っていた僕は、ベンチでは大沢監督のそばに陣取り、

「さあいこう、イエー！」

「ナイスバッティング！」

などと、しきりに大声を張り上げていたものです。その声が、よほどうるさかったのでしょう。

「この小さいのが、うるさくてしょうがない。なんとかしろ。矢頭（高雄コーチ）、代打でいかせるか。ベンチにいない間だけでも、静かになるわ」

と大沢親分。これが僕の、一軍での初打席でした。クラウンのピッチャーは、東尾さんです。プロ入り九年目、すでに百近い勝ち星をあげ、一九七五年には二十三勝で最多勝に輝いているプロ中のプロです。どんなタマを放るんだろう、とワクワクして打席に入ったものです。それがですよ、打てるはずもないのに、なぜかセンター前へのヒット。うれしかったですね。しかもそのあと盗塁を決め、後続のヒットでホームインしたかと思えばそのまま守備にもつき、次の打席でもセンターへ犠牲フライを打つことができました。デビューとしては、できすぎです。

そして翌日も、久留米でクラウン戦。僕はスタメンで一番に抜擢され、古賀（正明）さんから一打席目に三塁打を打ちました。この試合は四打数でその一本でしたが、故郷・福岡県での試合であり、両親が見にきていたからうれしかったですね。

「いまでこそ年俸は一八〇万だけど、俺は三年で一千万円プレーヤーになる」と、両親に宣言したものです。二十一世紀のいまは、数年活躍すればすぐに一億円プレーヤーですが、大卒の初任給がほぼ十万円だったそのころは、年俸一千万円以上の選手は数えるほどしかいず、一流の証しといわれていたんですよ。父は息子をたしなめるように、

「誠、そんなに甘くはないぞ。プロは天才の集まりだから、簡単にはいかないだろう。コツコツと、地道に頑張っていきなさい」

これをわきで聞いていたのが、同じルーキーの大宮です。

「そうなんです、コイツは甘いですからね。大事な場面で風邪は引くし……」

まったくもう、よけいなことをいうなよ……と目で制しましたが、気にするようなタマではありません。ドラフト四位で入団した大宮は、日本ハム期待の新人で、常に新聞記者が群がっていました。キャンプで特打をすれば大宮、オープン戦で打ったら大宮、打てなくても大宮。つまり、なにをやってもスポットライトを浴びるんです。対してドラフト外の僕。いくら初打席でヒットを打とうが、盗塁しようが寂しいものです、新聞記者など見向きもしません。

新丸子の寮では、その大宮と同部屋でした。彼は特別扱いで、新人は車の運転禁止のはずなのに、大きなアメ車を駐車場にデンと停めてもおとがめなしで、それを乗り回してい

たんです。そしてそれに乗って夜遊びに出かけては、夜中の二時、三時ころに帰ってくるなどしょっちゅうでした。門限は十時と定められていても、いっこうに気にするそぶりもありません。僕は結局、一年目は七十九試合に出ることになるのですが、大宮の出場は四十試合でした。それでも、大宮のほうが年俸のアップ率が高かったんですよ。

「どうしてですか?」

納得できずに球団に質問したら、こうです。

「島田君、なにをいっているんだ。彼はスターだよ。一方君は、ドラフト外の平凡な選手なんだから、入ってきたときから違うんだ」

確かに大学のスターとドラフト外、資産家の息子と乾物屋のせがれでは大違いかもしれません。でもプロは、実力の世界じゃないですか。試合に出てナンボでしょう。よーし、と僕は決めましたね。大宮を追い越し、球団に評価させよう。アイツが夜遊びするのなら、俺は毎日、アイツが帰ってくるまで部屋でスイングをしてやる――同い年の大宮を、勝手にライバル視したわけです。以後は、大宮が出かけるのを見計らって、たった一人、部屋で素振りの日々でした。そして夜遅く、大宮の車のエンジン音がすると電気を消し、素知らぬ顔で狸寝入りです。

部屋に入ってきた大宮が灯りをつけ、テレビのスイッチを入れると、うっすらと汗ばんでいる僕が嫌でも目に入ります。

「島田、お前寝汗かいてるよ。また風邪を引いたら二軍に落とされるぞ、気をつけろよ」

寝ぼけ眼を装った僕は、「あ、ホントだ。ありがとうな」と、汗をかいたアンダーシャツを着替えて寝ますが、心の中では、舌を出しているんですよ。いままでスイングしていたんだから、そりゃあ汗もかくわ。お前が遊んでいる間に、俺は必ずポジションをとってやる、と。

ただねえ、二百本、五百本……と素振りをしていても、待てど暮らせど大宮が帰ってこないときがあるんですよ。通常なら、もっと遊べ、その間に俺は……とほくそ笑むんですが、さすがに深夜まで戻ってこないときばかりは、ヘトヘトになりながら、帰ってきてくれよ……と思ったものです。とにかく、大宮よりも早くレギュラーに、というのが自分なりの目標でした。

大宮はあまり危機感のない男でした。愛知県岡崎市で貿易商を営む資産家の息子で、「俺は帰ったら社長が約束されているから、いつ辞めてもいいんだ、野球は」などとうそぶいていました。そのせいか、どこかのんびりしたところがあって、なかなか一軍に定着できなかった一年目が終わると、根拠もないのに「来年はレギュラーだ」と、自分で決めつけるんです。僕は、大した練習もしていないのに、無理だろう……と思って

「俺はいつ辞めてもいいんだ」といいながら，16年のプロ生活を送った大宮龍男（27番）。定位置確保までに時間がかかったものの，チームがパ・リーグの後期優勝を果たした1982年には，見事ゴールデングラブ賞を受賞しました。44番の選手は，チームの中軸として活躍したトミー・クルーズ

おり、当然なかなか定位置がとれません。それでなくても勉強が必要な捕手というポジションですから、なおさらです。

一方僕は、一年目の後半からレギュラーになり、そうすると目標だったはずの大宮がくすぶっているのがもどかしい。ときどき、「大宮、野球をなめるなよ。もっと頑張れよ」というと、「俺はいつ辞めてもいいんだ」という話を持ち出すんです。結局、大宮が初めて百試合以上マスクをかぶるのは一九八一年、プロ五年目のシーズンでした。以来彼は中日、西武と渡り歩き、つごう十六年の現役

生活を送りました。いつ辞めてもいいはずが、僕よりも一年長いんですよ。引退後、顔を合わせたときに聞いたことがあります。

「いつ辞めてもいい、といっていたのに十六年もよく続けたな。なんでだ?」

「いや、野球がわからないんだよ。やってもやってもね。それだけ奥が深いということだろうな」

もし大宮が、そのことに一年目で気がついていたら、すごい選手になったかもしれませんね。

王さん、長嶋さんに声をかけられ夢心地

一年目のオープン戦、伊万里で初安打を打ち、久留米でスタメン出場したあとは、中一日で巨人との試合がありました。長嶋監督になった一九七五年こそ最下位だったものの、前年の一九七六年にはリーグ優勝を果たしています。V9選手もまだ健在で、柴田勲さん、高田繁さん……と、僕でも知っているメンバーがずらりです。なにしろ、オロナミンCのテレビCMで見慣れた顔ばかり。うわあ、オロナミンCが出ているよ……と、子どもみたいな感想を持ったものです。

この試合も一番で出た僕ですが、初回のいきなり初球、ライト投手から右ヒジの上にデッドボールを受けてしまいました。〝クレイジー・ライト〟といわれ、短気で有名だった左投手ですね。思い切って攻めてきた内角球が当たってしまいました。なにしろ、三月とはいえまだ寒いですから痛いのなんの、当たったときに「いてえ！」と叫んだほどです。なんとか立ち上がって一塁へ歩く間、トレーナーの方がコールドスプレーをかけてくれるんですが、いてえな、ヘタをすると折れているんじゃないかな……などとブツブツつぶやいていました。

で、ファーストを守っていたのが、王貞治さんです。この年、通算七五六本という世界新記録を達成することになる、世界の王さん。その大選手が、名もないドラフト外の新人に「大丈夫？」と声をかけてくれたんです。

もう、感激しましたね。直立不動で、「はい、大丈夫です。全然なんともありません」。一塁まで付き添ってきたトレーナーは、「お前、いまのいままで『折れている』とかなんとかいってたじゃねえか」と苦笑するしかなかったようです。そして王さんは、塁上の僕にこう続けました。

「君、新人だろう。気をつけるのはケガをしないこと、ケガをしても最低限で抑えることだ。そして、長く野球を続けなさい。球界に貢献しなさい」

これには、しびれました。右も左もわからない新人の僕に対して、球界に貢献しなさい、と。これが、チームに貢献しなさい、なら普通だと思うんです。ところが、もっと広い視野で、チームにではなく球界に貢献しなさい、という。それは王さん自身が、球界に貢献することを意識していたからだと思います。そのことが、鮮明に記憶にありますね。

のち、ダイエーホークスで王さんといっしょになったときにこの話をしたら、さすがに覚えていなかったようです。え、そんなこといったっけ？　まあ、王さん自身は何十、何百人の新人たちに声をかけてきたのでしょうから、無理もありません。

それにしても、決して大きくはなくてもすばらしい体をしていましたね。当時三十五歳は過ぎていましたが、下半身の筋肉は並大抵じゃない。ユニフォームを通してもわかる、ふくらはぎの太さなどにほれぼれと見入っていたら、一塁ベースコーチが「島田、リードしないか、早く！」。そりゃそうです、ライト投手はすでに投球モーションに入っていたんですから……。

初めての巨人戦では、もう一つ印象的なことがありました。試合前の練習で、巨人の監督だった長嶋さんが僕の前を通るときに「おはよう」と声をかけてくれたんです。ああ、長嶋さんだよ。こんなに気軽に声をかけてくれるのか。当時の日本ハムのユニフォームは、背中は背番号だけで、名前は入っていなかったんです。もし名前があれば、「おはよう、島田君」くらいはいってくれそうな気さくさでした。そして試合のあと、ボールを片づけていたら、また長嶋さんが声をかけてくれたんですね。

「24番の君、大丈夫？」

僕が初回に受けたデッドボールを気遣ってくれたんです。その試合は巨人が一塁側のダッグアウトで、長嶋さんからは左打ちの僕の背番号がよく見えたはず。その24番を、覚えていてくれたのかもしれません。まだ多少痛みはありましたけど、痛いなんていえませんよ。

「はい、大丈夫です」

興奮状態で答える僕に、

「うーん、ロングロングタイムだからね」

と、例のかん高い早口の英語で長嶋さん。そのときは、若手の二人で試合のあとの片づけをしていたんですが、一瞬ポカーンとして意味がわかりませんでした。

「ロングロングタイム……なんだろう？」

「お前は、王さんからも『長く続けなさい』といわれたんだろう。それと同じじゃないか」

なるほど、そういうことか。感激した僕は、二〇メートルほど先にいる長嶋さんのところに行き、帽子を脱いで「先ほどはありがとうございました！」とお礼をいいました。すると長嶋さんは、呆気にとられたような顔で、

「君、誰だっけ？」

とおっしゃるんですよ。ついさっき話しかけてくれたのに、もう覚えていないようなんです。さすが天才、という感じがしましたね。

夢にまで出てきた村田兆治さんの魔球

そうやってオープン戦が終わり、一九七七年のシーズン開幕です。日本ハムの外野陣には〝足長おじさん〟といわれたミッチェルとか、首がやたらと太い〝ノーネック〟ウィリアムスなどという外国人選手がいましたが、僕は彼らを押しのけてセンターを守らせてもらいました。足が速い分守備範囲が広いですし、なにより日本ハムは球団創設から六位、六位、五位。大沢さんも、変革のためになにか手を打ちたかったんでしょう。ドラフト外ルーキーの起用も、その一つでした。

その四月三日の開幕日。早々にプロ初安打を記録することができました。そこで思い出したのが、入団発表のときに、

いろいろな外国人選手とも仲良くさせてもらいました。写真のサミュエル・ユーイング選手もその１人

「君が一軍に上がってヒットを一本打ったら、なにかプレゼントをしてあげるよ」

といった記者の方です。ドラフト外のルーキー、体が小さく実績もなく、ヒット一本どころか一軍昇格も無理だろう……と、からかい半分だった約束を実現したわけです。さあ、なにをプレゼントしてもらおうか、と舌なめずりしていたんですが、その記者の方は僕の前に二度と現れませんでしたね。

それ以後も、一年目にしてはそこそこの成績を残していた僕ですが、ある日、ロッテとの対戦です。ピンチヒッターで起用され、村田兆治さんと対戦したんです。打撃コーチだった矢頭さんからは、

「村田がテイクバックした瞬間に振り始めろ」

と耳打ちされました。まさか、そんなことなかろう……と思いましたよ。独特のフォームから〝まさかり投法〟といわれ、剛速球が持ち味だった村田さんですが、そのまさかりに当たる右手が下に落ちたところで振れ、というわけです。普通のピッチャーなら、リリースで球スジを見て振り出すのに……。ともかくも、そのくらいの気持ちでいけ、と送り出されました。

初球、外に真っ直ぐがドーン。見たことのないスピードでした。まさかと思った矢頭さんの言葉が、本当でした。よっぽど驚いた表情をしたんでしょうね。キャッチャーからは、

「どうしたんだ?」とからかわれます。そこをなんとか、「いいタマ放りますね」と、精一杯強がって見せましたが、二球目は内に真っ直ぐがドーン。三球目はフォークボールを落とされ、結局一球も振らずに三球三振ですよ。とにかく、村田さんのボールはすごかった。フォークボールなんか、揺れながらギューンと落ちて、キャッチャーがよう捕れるな、というくらいのタマですよ。それからは毎晩のように、村田さんが夢に出てきてうなされたほどでした。

さらに悪いことに、その残像でバッティングが狂ってしまったんですね。スピードに対応するため、どんなピッチャーに対しても早く振りにいってしまった。当然、タイミングがズタズタです。また当時のパ・リーグには、すごいピッチャーがわんさといたんです。村田さん、東尾さん、阪急には山田久志さん(もっとも僕は、山田さんをけっこう打っているんですが)や山口高志さん、近鉄には鈴木啓示さん……。ですから一九七九年、オールスター戦で初めて江川卓と対戦しても、ちっとも速いとは感じませんでした。なんだ、このくらいだったら、パ・リーグにはゴロゴロいるよ、という感じです。

そういう超一流ピッチャーたちとの対戦ですっかりバッティングを崩した僕は、ついに二軍落ちを宣告されます。七月八日のことでした。やっぱり戻ってきたか、とニンマリした表情で、福田二軍監督がこういいます。

「お前のバッティングも、守備も、徹底的に鍛え直す。お前が死ぬか俺が死ぬかくらいの気持ちでやるから、どっちが先にネを上げるか、かけようじゃないか」

手ぐすね引いて待っていた、とはこういうことでしょうね。このときから、僕の野球人生でもっともつらい日々が始まりました。チーム練習や二軍の試合が終わってから、まずは真夏の炎天下で、毎日個人ノックです。休みなく三百本、しかもダイレクト捕球を三百ですから、追いかける打球の数は、五百に近かったでしょう。右へ走り、左へ走り、前へ走り。しかも、福田さんのノックが絶妙なんですね。イージーボールは一球もなく、すべてが捕れるかどうかぎりぎりのところに打ってきますから、一球たりとも気は抜けません。百球も捕ればアゴが上がり、二百球ではもうろうとし、しまいにはボールが揺れてくる。炎天下の青空で見えにくいのかな、と思ったら、揺れているのはボールではなく、自分の体でした。二九九球からどうしても最後の一球が捕れない日は、悔しくて涙が出て、自分の肩を抜けば一〇センチ先まで届くんじゃないか？と本気で肩を引っ張ったりしたものです。

ようやくノックが終わったら、次はバッティング。僕は体は小さいくせに、飛ばすことに魅力を感じ、ボールを遠くに飛ばしたいというスイングになっていました。ただしプロでは、アベレージヒッターに活路を見いださないと生き残れない。それが福田さんの考えでした。村田さんらとの対戦でそのことを実感していた僕も、納得して従いました。

「いいか、ホームランは気持ちがいいが、一年でユニフォームを脱ぎたくなければ、それは一切捨てろ。とにかく、レベルに振るように改造する」

レベル、つまり水平に振る。もともと僕は、ボールを飛ばしたいがためにフォロースルーが大きく、振り上げるようなフォームでした。それを直すために、肩の高さにロープを張り、振り切ったバットがそれに触れないようにする。福田さんが上げてくれるボールを、ひたすら打ち込みました。

最初は、バットがロープに触れてしまいます。そうするとカウントされないから、次は注意して振る。すると、スイングがぎくしゃくする。フォームというのは染みついたクセですから、なかなかうまくいきません。コンパクトに、しかも前を大きくするにはどうしたらいいか……試行錯誤を繰り返しながら、一日五百球。左右の手袋がボロボロになり、その下の手の平はマメでもっとボロボロになりました。

頭からバケツの水をかぶったように、汗でビショビショになります。アンダーシャツを脱ぎ、Tシャツ姿になっている福田さんにならい、僕もユニフォームを脱ごうとすると、「お前は試合でもユニフォームを脱ぐのか？　そんなことはないはずだ。試合と同じ状態で打て。ユニフォームは着たままだ」。また、いびりかよ……。いまいましいですが、いわれてみればもっともですから、そのまま汗だくで打ち続けるしかありません。

何度も、ギブアップしそうになりました。だけど、いつか福田さんを見返してやるという気持ちがありますから、当の福田さんより先にシッポを巻くわけにはいきません。クソー……と思いながら、歯を食いしばる日々です。福田さんもしんどかったと思いますよ。ノックを五百球、と一口にいいますが、それが並大抵ではないのは、のち、コーチになったときにつくづく実感しました。外野ノックは遠くに飛ばさなければいけないので、相当体力が消耗するんですよ。

そこから、五百球のバッティングです。当時福田さんは、すでに四十歳を過ぎていました。それが、若い連中でさえしんどい真夏の練習、試合が終わってからマンツーマンで付き合ってくれるのですから、福田さんは相当やせたと思います。それなのに僕が弱音を吐いたら、バチが当たるでしょう。また福田さんも、なんとか僕をモノにしたいと決意していたようです。一日がたち、二日たち、一週間、十日……。不思議なもので、初日には「三日も続けたら倒れる」と思っていた練習でも、なんとか耐えることができるようになりました。

そうして、一カ月がたった八月八日です。ノックの最後の三百球目を飛び込んで捕球し、グラウンドで大の字になっていました。胸が激しく波打ちます。そこへ近づいてきた福田さんが、こう話し始めました。

「チャボよ、いまの捕球から銭が始まるんだ。お前がアマなら、安全にワンバウンドで捕ってもいい。だけどプロは違うんだ、打球が地面に落ちてヒットになる前に捕る。それがプロなんだぞ。忘れるな」

不思議とやさしく響くその声を聞きながら、これでようやく本物のプロになったのかもしれないな……と思うと、涙があふれそうでした。このときのノックがあったからこそ、後にゴールデングラブ賞を六回もとることができたんだと思います。福田さんとの真剣勝負、丸一カ月間。翌九日に一軍に上がった僕は、再び二軍に戻ることはありませんでした。

自分のバッティングが変わってきたな、というのは、二軍でも感じていたんです。大洋とのイースタン・リーグで、ドラフト一位入団の根本隆というピッチャーと対戦したとき、自分でも思ってもみない打球が右中間に飛んだんです。ポプラの木が何本かあり、その間を抜けるようにしてライナーが伸びていき、ホームランになった。

えーっ、と思いましたね。そんなにフルスイングはしていないんですよ。なにかをスパッと切るような感じでインパクトしただけなのに、なんであんなに飛ぶんだろう……。やはり、一日五百球の打ち込みで、相当フォームが洗練されたんでしょう。個人ノックが、下半身の強化ももたらしたのかもしれません。

ともかくも、一カ月の間に別のバッターになったようでした。福田さんの教えてくれたスイングは、それほど僕に合っていた。フォームの違いは、自分ではさほど感じないのですが、一カ月たって戻った一軍では、「全然スイングが違う」といわれましたし、大学や社会人の同僚も、「ものすごくコンパクトで、シュアーになった」といいます。そして福田さんがそのころ、新聞記者に、

「島田は近い将来、すぐに三割を打てる打者になる」

と語っていたことをあとで知りました。実際にプロ入り四年目、僕は初めて打率三割六厘を記録します。

こうして僕の一年目は、七十九試合に出場し、打率二割二分九厘で終わりました。球団はむろん、二年目も契約してくれて、どうだ、福田さん……と思ったものです。あなたが一年だけ着させてくれるといったユニフォームを、来年も着ることができますよ……。ただ、そのころになると、福田さんに対する憎しみはもう、ほとんどなくなっていたんです。なにかと僕をいびってくれたけれど、本意は別にあったんじゃないか。体に恵まれない僕の反骨心をあおり、エネルギーを駆り立ててくれたんじゃないか……と、うすうす気づいていたんですね。

ですから、二年目で一軍にいるときでも、悩んだときには、福田二軍監督の指導を仰い

福田昌久二軍監督との１カ月間に及ぶ猛練習を経て，自分のバッティングを確立することができました。このときの経験があったからこそ，その後の僕のプロ生活があったといっても過言ではないと思います

だものです。畳の上でスイングする、それを福田さんに見てもらう。スイングの際、「ここでボールをとらえるんだ！」と、人の右足を踏みつけてきたり、「ワンちゃんは、この畳がすり切れるまでスイングしたんだ、君たちにはできないだろうけど」と、荒っぽさや憎たらしさは相変わらずでしたが。

村田さんとの対戦ですか？　一年目に関しては、次に対戦したときもバットに当てるのが精一杯でしたね。六十歳近いいまでも、マスターズリーグで一四〇キロ近くを投げるのですから、とにかくものすごいピッチャーですよ。

惜しかった盗塁王と首位打者

バッターでは、当時南海にいた門田博光さんが印象的でした。体は小さいのにパンチ力があり、スイングスピードもハンパじゃありません。試合前の練習を見ていたら、五メートルほどの至近距離から、ピッチャーに思い切り放らせて、それを打っています。ティー打撃でも、まるで鉛の入ったような重そうなバットでフルスイングしていました。すげえなあ、自分もあんなふうになれるかなあ……。

南海といえば、当時選手兼監督だった野村克也さんには参りましたね。有名な〝つぶやき戦術〟ですが、あれはつぶやきというより〝ぼやき〟ですよ。

初めての打席。礼儀ですから、「こんにちは。よろしくお願いします」と挨拶をしてから構えに入ります。ゴルフのアドレスと同じで、いったん構えが決まったら、もうピッチャーだけに集中しています。まるでそれを見計らったかのように、「おい、挨拶がないな」とボソッというわけです。これで、完全に集中力が途切れますね。何年もプロのメシを食っている人なら聞き流せるでしょうが、こっちは純情なルーキーです。バカ正直に、受け答えをしてしまう。

「は？　先ほどごあいさつしたつもりですが……」

「聞こえんがな。お前何年生や」

「一年目です」

「ほおお、えらそうにしとるのう」

「はあ、すいません……」

そこから仕切り直しをしようとしても、もういけません。完全に野村さんのペースです。二度とその手は食わないぞ、と次の打席では、わざと野村さんの目の前で大声で「こんにちは！」。今度は「うるさいわ」とはぐらかされます。かと思うと、いきなり歌い出したこともありました。

「♪俺は　河原の　枯れススキー」
「アンパイアすいません、キャッチャーがうるさいんですが」
と申し立てても、
「いや、アンパイアには聞こえんくらいの声で歌ってるんや。お前、なんや、俺の歌がそんなにうるさいか」

集中どころではないですね。野村さんは翌年ロッテに移り、日本ハムには古屋英夫というルーキーが入ってきたのですが、この男にはちょっかいを出しても「全然こたえん」かったそうです。僕は素直なのか、つぶやきに対してついつい返事をしてしまい、やりづらかったですよ。

二年目には最終的に一一五試合に出ましたが、苦しいシーズンでした。シーズン序盤、西京極球場での阪急戦です。稲葉光雄さんのスライダーを打ったとき、右手にボキボキと衝撃が走りました。バットの振りすぎによる、腱鞘炎《けんしようえん》でした。そこまでは首位打者争いをするほど好調だったのですが、右手がグラブくらいに腫れては、スイングどころではありません。医者に行くと、手首がむちゃくちゃになっている、ということ。まるまる二カ月ほどは、バットを振れない日々でした。

それでも大沢さんは、僕を二軍に落としませんでしたね。守備要員や代走で使い続ける。

現役通算352個の盗塁を記録。でも，福本豊さんという高い壁に阻まれ，盗塁王のタイトルを獲得することはできませんでした

ただ、なにしろ手首がボロボロですから、右手で捕球するだけでも飛び上がるほど痛いんです。走るのだって、腕を振るわけですから、手首になんらかのストレスがかかる。三日に一回ほど注射を打ち、治療をしても、なかなか回復しません。たまに打席に立っても、痛いものですからセーフティーバントばかりでした。だましだましスイングできるようになったのが、ようやく七月ごろです。ですから一一五試合といっても、守備固めや代走も多く、結局ヒットは九十九本しか打てませんでした。

レギュラーに定着したといえるのは、三年目でしょうね。一二九試合に出て、打率二割七分六厘、五十五盗塁を記録した一九七九年。シーズン終盤には、テレビドラマ「三年B組金八先生」が始まっていました。盗塁の五十五というのは自己最高なんですが、この年の盗塁王は福本さんの六十。どうしても、福本さんを抜けませんでした。惜しかったのが、一九八一年です。

ずっと福本さんをリードして、シーズンも大詰め、百試合目の阪急戦です。この試合前まで、僕の盗塁が四十一、福本さんが三十六で、初めての盗塁王が視野に入っていました。そこまで十一年連続盗塁王の福本さんも、「今年の島田には負けたね」といっていたくらいです。ところが、その試合で四十二個目の盗塁を決めたとき、左足首を骨折してしまうんです。おまけに靭帯《じんたい》も断裂していましたから、十五試合ほどは休まざるを得ませんでした。その間、福本さんがジワジワと僕に迫り、追い抜きました。あせりますが、試合に出られなければどうしようもありません。治療し、整復に行き、どうにか試合に復帰しても、足首はまだ象の足くらいの太さです。とても走れる状態じゃない。

復帰してから残り十五試合に出場しましたが、とうてい走れる状態ではなく、このシーズンの僕の盗塁は、結局四十二止まり。またも福本さんに盗塁王をさらわれてしまいました。日本ハムというのは、その前身も含めて、現在まで盗塁王が一人もいないんですよ。十二球団ではたった一つ。このときケガをしていなければ、僕が球団史上に名前を残せたかもしれないんですがね。

1981年には，チームとして19年ぶりのパ・リーグ優勝。左は，1980年に入団し，ルーキーとして初めてＭＶＰに選ばれ，この年も10勝をあげて優勝に大きく貢献した木田勇

一九八一年というのは、日本ハムが十九年ぶりに優勝した年。僕の現役生活唯一の優勝ですが、実はもう一つ心残りがあるんです。ケガで欠場するまで僕は、盗塁とともに打率でもトップでした。ところが僕が休んでいる間に、ロッテの落合博満さんが肉薄してきます。僕は復帰したものの本調子ではなく、打率を落とし、ついに落合さんに抜かれてしまいます。

最後は、ロッテとの消化試合。落合さんはタイトルを確定させるために欠場し、僕は徹底的なボール攻めにあって打たせてもらえず、血の気の多かった外国人のソレイタが「落合出てこい」と怒っていました。結局、一打席だけ出た落合さんは凡打しましたが、打率三割二分六厘。僕は三割一分八厘と、八厘差で首位打者を逃してしまいました。落合さんはこの初タイトルで自信をつけ、翌一九八二年に初めての三冠王になるわけですが、ケガがなければ僕も……と思ったシーズンでした。

サイクル盗塁達成！

タイトルこそとれませんでしたが、一九八〇年、八一年、八三年と、一流といわれる三割を三回打ち、ダイエーの一年も合わせて一五〇四安打、打率二割七分九厘。現役の終盤はケガがあったり、高田繁監督とうまくいかなかったりで、もっとやれたかな、という思いはあります。ただ、欲をいえばキリがありません。十五年の現役生活は、まあ、満足できるものだったといえます。これはすべて一年目、福田二軍監督との特訓があったおかげです。当時は憎くてたまらない相手でしたが、あのときほど練習したことは、後にも先にもありません。

ただ、人前ではそういう姿を見せたくないというのが僕の流儀でした。汗を流すのなら、人に見えないところで。だから打撃投手の方なども、「島田は全然練習せんもんな」といいますし、マスコミに「スイングとか、特別な努力はしてるの？」と聞かれても、「いや、チームでいっしょの練習しかしていません」と答えたものです。これ見よがしに、人が見ているところでやる選手もいるんですよ。首脳陣へのアピールという意味もありますし。ただ僕は逆で、人前ではあえてチャランポランを装っていました。ですから、周囲からは練習嫌いに思われ、「お前は練習もせんと率は上がるし……天才の部類やろな」といわれたものです。

ですが、僕ごときが天才などというのはおこがましい。ましてこの体ですから、人の倍も、三倍もやらなきゃいけないことは自分が一番知っています。ただ、練習する姿を人前で見せなかった、というだけです。三年目のことだったでしょうか。当時の後楽園球場は、外野スタンドの下に練習スペースがあって、マシン打撃ができたんです。ただし、ブルペンのわきから入っていくので、フィールドからはちょっと見では見えないようになっている。後楽園での試合のときは、チームの打撃練習が終わったあと、一人でそこにこもり、打ち込むのが日課でした。

通常、ホームチームの場合、七十分程度の練習をし、シャワーを浴びて着替え、軽食をとって試合に臨みます。当時の野球というのは、いまと比べてそれほど情報戦が発達していません。ミーティングといっても、打撃コーチからちょこっと話があり、注意点を記した紙を渡されて終わり。つまり試合前には、自由になる時間が一時間ほどあったんですね。その間を利用して、僕は一人で打ち込んでいたわけです。

西武との対戦でした。西武に移っていた野村さんが、体慣らしに外野を歩いているとき、打球音に気づいたんでしょうね。僕が打っているところをのぞき込んだ。そして「島田か。要注意やな」とボソッといい残して去っていったことがありました。

野村さんといえば、その後楽園球場でえらく怒らせたことがありました。西武時代の一九七九年六月五日の対戦です。三回裏一死からフォアボールで歩いた僕。西武のピッチャーは、のちに抑えの切り札として活躍する森繁和で、マスクをかぶっていたのが野村さんです。当時野村さんは、もうすぐ四十四歳になるところで、お世辞にも肩がいいとはいえなくなっていました。一方僕は、三年目でプロの水にも慣れ、結果的にほぼフル出場し、五十五個の盗塁を記録するシーズンです。

打席には、三番・柏原純一さん。ダグアウトの大沢監督からは、「走れ!」のサインが出ます。野村さんの弱肩をつこうというわけで、まあ当然のサインですね。僕も足に自信がありますから、合点、とすかさず二盗を決めました。そして二塁塁上からベンチを見ると、もう一回「走れ!」のサインなんですよ。親分、徹底していきますね……と三塁に走ったら、これもゆうゆうセーフになりました。

確か柏原さんが凡退して、場面は二死三塁で四番・古屋と変わります。すると、三塁ベースコーチの今津光男さん（故人）がボソッと耳打ちするんですよ。

「ツーアウトだし、古屋のヒットに期待するより、なんだったら一人でホームに帰れ」

な、なんとホームスチールしてみろ、というんですね。うなってしまいました。アマチュアならともかく、プロの世界で、一イニングに三盗塁。しかも二盗、三盗、本盗という、いわば〝サイクル盗塁〟を狙え、というんですから。本盗というのは、走者が一、三塁のとき、一塁走者がスタートを切り、それを見すかして三塁走者が走ると成功率が高いんですが、このケースは一塁走者もなし。純粋な本盗です。

そうかあ……と思いながらとりあえずリードをとると、マウンドの森投手、走者がいるのに振りかぶって投げるんですよ。セットポジションじゃない。つまり、牽制球は投げられないわけです。まあ、三塁走者が走ってくることは普通ありえませんし、右ピッチャーですから、もしスタートを切っても、走者が見える。走者三塁で振りかぶって投げるのは、まんざらセオリー無視でもないんですね。

ただ、何球かタイミングを計っているうちに、いけるかも……という気がしてきました。ここでスタートを切って、ホームへ一目散に走れば……。相手はまるで無警戒ですし、少なくともきわどいプレーにはなりそうでした。武者震いがしましたね。ただし、あまりに早くスタートを切ると、ピッチャーも早く気づくので、そこだけは気をつけよう——。

あれは何球目だったでしょうか。森は、やはり振りかぶって投げてきます。ここだ！と、思い切ってスタートする僕。走ったぞ！と、西武守備陣とベンチ。その声が耳に入った森は、なにぶんこの年に入団したルーキーです。あわてたんでしょう。ホームに投球したはいいんですが、野村さんのミットも届かないようなボールになりました。やすやすとホームに滑り込んだんですが、なにしろスタートを切っていましたから、記録は暴投ではなく、盗塁になった。サイクル盗塁達成、というわけです。

いやあ、気持ちがよかったですね。翌日の新聞で大きく報じられましたが、サイクル盗塁は過去にも十五人いたそうです。ただし、当時としても十八年ぶりの珍事で、僕のこのときを最後に、いまだに達成されていません。まあ、洗練された現代の野球では、なかなかとれない奇策でしょう。

この試合で僕は、七回にも野村さんから盗塁を決めています。このとき、ショートを守っていた行沢久隆さんが、

「誠、今度走ったらぶつけてやる、とえらい剣幕で野村さんがいってたぞ」

というので、三盗は自重しましたが……。この試合、僕は結局つごう四盗塁。ほかに菅野光夫さん（故人）も四盗塁して、日本ハムが十一対二で大勝しました。翌日の試合前、

なんと1イニングの離れワザ

28個目 ニュー怪盗 福本抜いたぞ

野村、26年目の屈辱

快足島田誠に走りまくられた西武の森－野村のバッテリーはガックリ。二十六年目で初の屈辱を味わった野村は「こんなのは初めての体験や。打者が四番だし本盗してきた時は頭がくらったよ」とおどけたもの。森は「本盗がみえたのでスライダーのサインだったが真っすぐを投げた。それで野村さんが捕球出来なかったんです。よく走ってくる」とお手上げ。福本との争いについて野村は「スピード、技術ともまだ福本の方が上や。島田はまだガムシャラに走っている感じや」と福本有利説をとなえていた。

パ・リーグ勝敗表（5日現在）

	試合	勝数	敗数	引分	勝率	勝差	残り	近鉄	阪急	日公	ロテ	南海	西武	得点	失点	本塁打	打率	防御率
❶近鉄	48	33	11	4	.750	―	17	⑫	6－3	3③4	6－2	8－1	10①1	267	180	78	.296	3.31
❷阪急	47	26	18	3	.591	7	18	3－6	⑬	4①3	3－3	7－5	9②1	246	193	73	.271	3.77
❸日本ハム	48	25	18	5	.581	0.5	17	4③3	3①4	⑪	6①4	5－3	7－4	233	205	55	.273	4.09
❹ロッテ	44	18	23	3	.439	6	21	2－6	3－3	4①6	⑪	3①6	6①2	185	226	43	.267	4.62
❺南海	45	18	26	1	.409	1.5	20	1－8	5－7	3－5	6①3	⑩	3－3	185	218	41	.260	4.27
❻西武	50	11	35	4	.239	8	15	1①10	1②9	4－7	2①6	3－3	⑪	186	280	50	.246	4.70

18年ぶり後楽園に疾風

ヒーローがい旋　快挙の島田誠（左）は、ハーラートップを突っ走る高橋直とともにファンの祝福にこたえる

西武サマサマ、完投で4勝目

「西武には負ける気がしないですね」ハーラートップの6勝目を完投であげた日本ハム高橋直は二ッコリ。西武にはいずれも完投で4勝目だから「西武サマサマです」と笑いが止まらないのも無理はない。「粘ったりするイヤな打者がいないから楽なんです」という。前期最高はこれまで6勝だったから自己最多の勝ち星。「この分ならあと三つは勝てそうだ」と鼻息は荒かった。

投球内容は決してほめられたものではなく球の切れももう一つ。それでも打ち込まれないのがエースの証明だ。

サイクル盗塁達成を伝える新聞紙面
（「日刊スポーツ」1979年6月6日）

観客を魅了してこそプロの選手。僕は，足の速さを生かした
プレーでお客さんを楽しませることを常に意識していました

野村さんが日本ハムのベンチにきて、こういったものです。

「お前ら、ええかげんにせえや。ワシの野球人生を縮めるつもりか！」

それはともかく、人がわからんところで練習しないと負けてしまう、という強迫観念は常にありましたね。打てなくて帰ったときには、夜中の二時であろうが女房をたたき起こし、新聞紙を丸めてティーを上げさせたこともあります。お腹が大きいときでも付き合わせたのですから嫁には迷惑をかけましたが、そうでもしないと、この体ではプロでやっていけなかったでしょう。

またプロである以上、お客さんを魅了することを常に考えていました。僕の場合なら、足と、すばしっこさです。思いついたのが、フェンスを越えていくホームランを捕れないだろうか、ということでした。ですから、フェンスにスパイクの爪を引っかけてっぺんまで登り、そこで構えたりもしましたよ。

ただ、おあつらえ向きの打球というのはなかなかこない。一度右中間の当たりを追いかけ、フェンスに登ったはいいですが、打球ははるか上を越えていったことがあります。そのとき、ライトを守っていたのが永渕洋三さん。足もとから、声が聞こえてきました。

「あれ、島田、どこに行った?」

「上にいます!」

「いったい、どうやって登ったんだ……」

と呆れられたものでした。結局、ホームラン捕球はかなわず、一九八一年にそれをやった山森雅文に先を越されましたが、山森はこの美技で大リーグから表彰を受けています。惜しいことをしたなあ……。

君みたいな選手を、もう一度育ててみたい

さて、プロ十二年目が終わった一九八八年のことです。僕は故障もあり、その年は出場

わずか九十七試合。規定打席にも届かず、打率も二割そこそこというさんざんなシーズンです。翌年の巻き返しを誓い、また慰労もかねて日本ハム、ロッテ、ヤクルト、大洋の四球団が福島でゴルフコンペを行いました。あるいは、テレビ局の企画だったかもしれません。コンペも終わり、四球団での宴会の席上のことです。ほろ酔い気分で盛り上がっているところに、旅館の方が声をかけてきました。

「島田さん、お電話が入っていますよ」

「電話？　どなたですか」

「福田さんという方からです」

「？」

心当たりはありません。連絡先も知らせていないし……首をひねりながら、ともかくも電話のあるところまで行き、受話器を取りました。

「島田君？　福田だけど」

声を聞いても、ピンときませんでした。

「すみませんが、どちらの福田さんですか」

「君がプロに入って、二軍でやっていたときの……」

「ああ、福田さんどうも。ご無沙汰しています！」

そう、僕が入団したときの福田二軍監督だったんです。福田さんは一九七七、七八年と日本ハム二軍監督ののち、ロッテ、中日、南海などでコーチを務めました。ロッテのコーチ時代には、初めての三割に挑戦している僕に、「お前、この三連戦では打たせんからな。きっと三割を切るぞ」と、相変わらずの口撃にも遭ったりして（ただしその一九八〇年、僕は三割を達成するんですが）。ともかくも、懐かしい福田さんからの電話です。

「いやあ、いい選手になったね」

「そんなことないですよ。でも、ありがとうございます」

内心、やったあ！と思いました。十年以上プロでやって、初めて認めてくれた。でも、どうしてわざわざ電話をくれたんだろう。しかも、旅館の電話番号を調べる手間までかけて……。福田さんが、受話器の向こうで続けます。

「君みたいな選手を、もう一度育ててみたいんだが、もうそれはかなわないなあ」

「なんでですか？」

「うん……体がね、どうも思わしくないんだよ」

「そうなんですか……でも、そんなことおっしゃらずに、頑張ってくださいよ」

「いやあ、もうかなわない夢だね。実は……君に電話で一言だけ、謝っておきたかった。入団発表のときに『一年間だけユニフォームを着させてやるから、その間に次の仕事を探しておいたほうがいい』といったのが、ずっと心に引っかかっているんだ。申し訳なかった」

「いやいや、あの言葉があったからこそ、僕は頑張れたんですよ」

「それから、キャンプでずっとタマ拾いをさせたこともあった。一人だけ東京に送り返しもした。小さい選手は、大きい人にはかなわないから、対抗できるなにかを身につけさせたいと、ずっと考えていたんだよね」

「福田さん。確かに最初は、なにくそと思いました。だけど入団した年の、あの夏の練習がなければ、僕はここまでやってこれなかったと思います。こちらこそ、ありがとうございました」

「その言葉を聞いて、ホッとしたよ。今シーズンはよくなかったようだけど、来年また頑張ってくれよ」

受話器を置きながら、正直僕は、やっと福田さんに勝ったと思ったんです。死ぬ気でやった一年目の夏の、マンツーマンの練習。福田さんがチームを移ってからは、今度はライバルとして対戦してきました。僕自身もプロで十年以上メシを食い、その間はスランプも、故障も、監督との食い違いもあった。そのたびに「一年間だけユニフォームを着させてやる」という福田さんの言葉を思い出し、闘争心を奮い立たせてきたものです。その福田さんから「申し訳なかった」という一言をもらい、十年来の胸のつかえがおりたような気がしました。

それから三日後。一九八八年十一月二十九日に、福田さんが亡くなりました。五十四歳という若さでした――。

このときほど、僕は自分の小ささを感じたことはありません。福田さんが僕に伝えたかったのは、小さい選手は大きい選手の倍の練習をし、倍の研究をし、大きい人にできないことをやらないと勝ち残れない、ということでした。プロ選手になっただけで有頂天になっている僕に、あえて悪役になり、「一年だけ……」と鼻を折ってくれた。十年以上たち、その意図は理解できるようになっていたんです。ですが、「申し訳ない」という言葉を聞いたことで、「やっと勝った」と思ってしまった自分が情けなくてしょうがない。

病魔と闘いながら、苦しみながら、福田さんがどんな思いで電話をくれたのか。おそらく、旅館の連絡先をわざわざ球団に問い合わせたのでしょう。そんな心情に敬意を表することもなく、口では感謝の意を表しながら、「勝った」と感じた自分を思うと、いまでも悔恨で胸がふさがりそうです。もっと感謝の言葉を伝えればよかった、もっと病状をおもんばかればよかった、もっと話したかった、なにより福田さんがいなければ、プロとしての島田誠はなかった――そう思っても、もう福田さんはいないんですね。

君みたいな選手を、もう一度育ててみたい……これが、福田さんの僕への〝遺言〟だったかもしれません。その言葉を胸に、僕が福岡ダイエーホークスのコーチになるのは一九九七年のことでした。

ホークス、常勝軍団への道

王監督からの一本の電話

あれは、一九九六年十月のことでした。一九九一年限りで現役を引退し、そのまま地元・福岡に残って、フジテレビ「プロ野球ニュース」などの解説をしていた時期です。公式戦も終わり、福岡国際カントリークラブでゴルフを楽しんでいました。

ゴルフを始めたのは、比較的早かったですね。二十四歳のときですから、プロ入り二年目でした。行きつけの中華料理店の社長から、左利き用のハーフのセットを買ってもらったんです。

話はちょっとそれますが、ゴルフを始めたばかりのころ、日本ハムの納会でコンペがありまして。そこである先輩が「チャボ、握ろうか。ハンデを五あげるよ」と誘ってきた。こちらはなにぶん初心者ですから、ハンデ五というのがどれくらいのものなのか感覚がわかりません。なにか、えらい得をしたような気になって、「えっ、そんなにハンデをくれるんですか」と、まんまとその誘いに乗ってしまったんですね。よーし、飲み代くらい稼

ゴルフを始めたばかりのころ

いでやるぞ……と皮算用して回ったものの、僕のスコアは、アウトもインも六四の一二八。ところが先輩は、グロス八七とか八八で上がってくるんです。初心者がかなうわけがありません。ハーフ五のハンデをもらっても、僕はマイナス二五ですよ。あちゃー、と思いましたね。

先輩、ひどいじゃないですか、ものすごくうまいんですね……と文句をいうと、「握るお前が悪い」と一言。ものの見事に痛い目に遭ったわけですが、それが悔しくて悔しくて……もう絶対に〝授業料〟は払いたくない、という一念でのめり込んだのが最初です。以来ずっと続けて、なんとか七〇台で回るレベルにはなりました。

ゴルフをやったおかげで、さまざまな人

と知り合いになれましたね。たとえば、福岡の飯塚が地元の伊沢利光選手。プロテストに受かったころに、あるゴルフ場で紹介されました。背丈は僕と変わらないくらいなのに、

「僕はジャンボさんより飛ぶんです」

僕らは、ジャンボさん、尾崎将司さんといったら、プロゴルファーきっての飛ばし屋だと思うじゃないですか。それをプロになりたての若手が「もっと飛ぶ」というので、じゃあ実際に見てみようと、あるホールに連れていきました。左ドッグレッグのパー4ですが、山越えを狙えばワンオンが可能です。それでも直線距離で三〇〇ヤード以上あり、伊沢選手が何球か打ちましたが、さすがにワンオンはしなかったですね（後日、日本ハムの後輩の津野浩が同じホールでワンオンに挑戦したら、見事に乗りましたが）。その伊沢選手はのちアメリカ修行に出かけ、帰国後にはすごい飛ばし屋に成長していました。

川岸良兼選手とは、彼が日大四年でアマチュアのタイトルをとったとき、お祝いに何人かで食事をしました。そのときに日大一年の丸山茂樹選手も同席し、二年のときにはいっしょにラウンドしたこともあります。細川和彦選手は、野球教室で出かけた茨城で、彼のお父さんと知り合い、それが縁でラウンドしました。

「今度プロテストを受けるんです」

「いろんな選手を見ているけど、それだけのプレーができれば、すぐ受かるよ」

と激励したのを覚えていますね。付き合いは、いまでも続いています。

話がそれました。一九九六年十月です。

何番ホールでしたか、さあ、ティーショット……とアドレスしているときに、電子音がしました。誰かの携帯電話が、キャディーバッグのなかで鳴っているんです。もう、うるさいな。これから打とうとしているのに……といったんアドレスをとくと、どうも鳴っているのは自分の電話のようです。同伴プレーヤーに恐縮しながら、仕方なく受話器を取りました。

「はい、島田です」

「オウだけど」

オウさん？　そんな知人はいません。

「すいません、どちらのオウさんですか」

「ああ、申し訳ない。福岡ダイエーホークスの王貞治だけど」

えっ、王さん？　世界の王さん？　一九九五年からホークスの監督をしている王さん？

これはえらいことです。プロ一年目のオープン戦で「球界に貢献しなさい」と声をかけてもらい、感激した相手ですから。とはいえその後は、会ったら挨拶をし、解説者としてときどき話を聞く程度で、さほど親密な接点があったわけではありません。思いもかけない

電話にどぎまぎして、

「はっ？　王さんが、なんで私ごときの電話をご存じで……」

「うん、それはそれなりに、調べればわかるんだよ」

しどろもどろ状態からどうにか落ち着きを取り戻すと、今度はどんな用件なのかが気にかかります。

「それで……あの、どんなご用件なんでしょうか」

「あのね。君をコーチとしてホークスに招きたいんだけど、どうだろうか」

コーチ？　僕が？　にわかには信じられない話です。もともと、いつかはユニフォームを着たいと思っていました。一九九四年のオフでしょうか、翌年、バレンタインさんが監督になるというロッテからコーチ就任の打診がありました。ただ外国人監督ですと、すぐに政権が代わりかねません。どうせコーチをするのなら、長い期間やってみたい。住まいが福岡ということもありましたし、ちょっとためらったすえに断っています。そんなとき、王さんからの電話です。ただ、こんな重要な話は、電話で即答、というわけにもいきません。

「ありがとうございます。それが……いま出先（実はゴルフ）なんですが」

「そうか。確かに、ご家族とも相談しなきゃいけないだろうし、時間が必要だろう。決心がついたら、あとで返事を聞かせてくれないか」

「はい、わかりました」

もう、びっくりしてゴルフどころじゃありませんよ。ティーアップしていたボールをそそくさとしまい、

「申し訳ありません。急用ができまして、このまま帰ります」

「なんだよ、せっかくだからラウンドが終わってから帰りなよ」

仲間のそんな声も耳に入りません。だって、世界の王さんからの電話ですよ。キリのいいところまでプレーを続けてもいいんでしょうが、なにか不謹慎な気がして、ラウンドの途中で家に帰りました。

もっとも、家族で相談……といいつつ、帰りの車のなかで、気持ちは固まっていました。いつかはコーチをやってみたい。しかもホークスなら、申し分ないことに福岡のチーム。さらに、世界の王さんから直接電話をもらって、断る奴がいるだろうか……。

帰宅して、さっそく嫁に話しました。

「実は、王さんから電話をもらい、『コーチになってくれ』という要請があったんだよ」

「えっ、王さんから？　お父さん、当然引き受けるんでしょう？」

「うん。その気持ちでいるんだけど、子どもたちがどう思うかな」

子どもたちにも、帰宅を待って話しました。まずは、長男（武宜）と次男（誠二）です。するとと武宜が、

「お父さん、僕たちはお父さんのユニフォーム姿を知っているけど、朋美は見たことがないと思うんだ。だから、ぜひユニフォームを着てくれない？」

なるほど、長女の朋美は、一九八九年生まれです。僕の現役生活終盤ですし、ユニフォーム姿を見ていたとしても記憶にはないでしょう。グラウンドでの姿を見せてあげたい気持ちもある。息子たちのその一言で、最後の決断がつきました。こうして王さんに「お受けします」と連絡を入れ、その年十一月の秋季キャンプから僕のコーチ人生が始まりました。

それにしても不思議なのは、接点のなかった王さんが、なぜ僕に目をつけてくれたのかです。ネタを明かせば、当時ダイエーの代表取締役専務だった根本陸夫さんの推薦でした。フロントとして、西武ライオンズを常勝球団に育て上げた敏腕がよく知られており、一九九三年、中内功さんに招かれてダイエーに移っていた。その根本さんが、僕のどこを買ってくれたのか、

「島田というのは必ずヘッドコーチまでなれる男だから、とにかくスタッフに入れなさい」

と進言してくれたようです。一九九五年にダイエーの監督になった王さんですが、現役から監督時代を通じて巨人一筋、パ・リーグの予備知識はさほどありません。

「島田というのはどういう人間で、どういう性格ですか」

と、根本さんに確認したのは当然でしょう。

「大丈夫だ。下に置いておけば、必ず力を発揮してくれるから」

となると、〝寝業師〟といわれた根本さんのこと、僕の電話番号を調べるくらいは朝飯前だったでしょう。こうして、福岡ダイエーホークス（当時）へのコーチ就任が決まりました。

さっそく十一月から、高知で秋季キャンプです。一九九六年当時のダイエーは、西武から移ってきた工藤公康、秋山幸二あたりがチームリーダーでした。ただし、王監督になった一九九五年が五位、この年が最下位。期待されながらも、なかなか結果が出ません。ただ一九九六年のドラフトでは一位に井口資仁（当時は忠仁）、二位に松中信彦という、この年のアトランタ五輪銀メダルの主力を、さらに三位で柴原洋らを獲得。精力的に強化に取り組んでいた時期です。

守備走塁コーチとして僕も張り切ったものですが、なにしろ一九九一年限りで現役を引退して以来、五シーズンも現場を離れていたでしょう。まず、外野ノックを練習しましたね。空振りしたらかっこわるいですから。皆さん、キャンプのときや試合前の守備練習で、よく外野のノックを目にしますよね。簡単そうに見えるでしょうが、あれ、かなり難しいんですよ。

試合前の練習では、まず外野手は一カ所に集まり、ノッカーがそこへ打ちます。ただし、一直線に素直なボールを打つのではダメなんです。バッターが打つ生きた打球というのは、ラインから外へ外へと切れていく性質がある。右打者のレフト線の打球は、ゴルフでいえばドローボールで、ライト線ならスライス系になるわけです。それが野球の物理です。ノックは、そこを頭に入れて打たなくてはなりません。ですが、これが口でいうほど簡単じゃない。

打席のバッターは、ピッチャーの投げるスピンに、バットで逆回転をかけることで打球を飛ばすんです。ストレートならバックスピンがかかっていて、それをはじき返す。だから、打球が左右に切れていったりするわけです。ところがノックというのは、自分でトスした回転のないタマを打つんですよ。回転のないボールに思うようにスピンをかけるには、ある程度の技術が必要になってくる。一見同じように打っているように見えても、ボールの外側をたたけばドロー系、内側をたたけばスライス系……というふうに、繊細に打ち分けているんですね。

また実戦では、空中で急に失速したりという不規則な打球もあるものです。ときに、そういう打球も織り交ぜる。そんなふうに、生きた打球を打つには相当のテクニックが要求され、最初のうち、僕はゴルフのほうが簡単だと思ったものです。あまりにノックがまずいと選手に失礼ですから、特打をやっているわきで、ノックの練習をしたり。ノックのうまい人はいますよね。たとえば、僕が直方学園一年のときの監督だった春山総星さん。この人はとてつもないノック名人です。窓を開けたベンツを何台か横に並べ、その窓のすき間にライナーを通すような人ですから。ときどきテレビに登場するので、ご覧になったことがあるかもしれません。

ソフトバンクの森脇浩司コーチもうまいですよ。あるとき、神宮外苑の何面かある草野球場で、ホークスが練習していたそうです。そこへ、草野球のボールが転がっていった。森脇コーチは、その軟式のボールを拾うと、ボールをとりに走ってくる人を手で制し、その場にとどまったその人に、正確に打ち返したそうです。八〇メートルほど離れているのに、一歩も動かず、体の正面へ。しかも、ふだん慣れていない軟式のボールですから、その名人ぶりがわかるでしょう。プロ野球観戦に出かけるなら、ちょっと早めに球場に行き、プロのノックの腕を見るのも楽しいですよ。

偉大な人・王貞治

コーチになった当時はまだ四十二歳で、体力的には十分自信がありました。ただ、なにぶん初めてのコーチ業。人を指導した経験もありませんし、自分が教えていただいたやり方を、自分なりにアレンジするしかありません。また、自分の成功体験ばかり話すのでは、伸び悩む選手にとってはうるさいだけでしょう。ですから、こうやったのは失敗だった……という経験も交えながら、「俺も最初からうまくできたわけじゃない。村田さんのフォークなんか、度肝を抜かれたよ。最初はできなくて当たり前なんだから、一緒にやっていこうぜ」という態度で接していました。

プロ入り時、自分が福田さんにされたように、選手につらく当たるということはしなかったですね。僕はこういうキャラクターですから、明るく接するのが基本です。練習はもともときつい。でも、きついばかりでやっていたら、ストレスがたまってしょうがないでしょう。ですから、明るく。ただ、そういう陽気さは、ときに王監督のカンにさわったようです。シーズンに入り、負けが込んでも、「明日、明日！」とまったく暗い顔をしない僕を、試合後に監督室でどなりあげるんです。「負けているのに、なぜそんなにニコニコできるんだ！」というわけです。まあ、僕がコーチになったのは、王さんにしても大変な時期でしたからね。

一九九六年の五月のことでした。近鉄に敗れて日生球場を引きあげるとき、ナインの乗ったバスに、「お前らプロか?」という罵声が浴びせられ、次々と生卵がぶつけられる事件があったんです。前年は五位、このときも最下位というふがいないホークスに、ファンの怒りが爆発したのでした。博多のファンというのは、気性が荒いですからね。そのとき王さんは、「俺は、こんな仕打ちをされるために博多に来たんじゃない！」と激怒したといわれています。巨人の監督を一九八八年限りで退き、NHKの解説者をしているときに口説かれて、七年ぶりに現場に復帰したのに、たまったもんじゃありませんよね。

僕はそのとき解説者でしたが、発煙筒を投げられたりするシーンも見ました。相当な屈辱だったと思います。後援者の方との食事の席で、「こんな屈辱は初めて。王貞治は傷ついております」ともらしたらしいですから。やってられるか……と辞めたって、不思議じゃありません。王さんクラスの超大物になれば、監督を辞めたって引く手あまたでしょうし、なにも自ら屈辱にまみれる必要はないんです。

王さんの現役時代、長嶋新監督になった一九七五年に、巨人は最下位に終わりました。球団史上初の不名誉な記録でした。この年、王さんは三十三ホーマー。十三年続けていたホームラン王のタイトルを逃しはしましたが、それにしても立派な数字です。ところが、「最下位になったのは、王さんがホームラン王をとれなかったせいだ」という声が聞こえてきた。俺一人だけの責任かい？　といいたくなるでしょうね。翌年、ホームランのタイトルを奪還すると、チームも優勝を果たします。自分の成績が、チームの順位に直結するプレッシャーというのは、とても想像がつきません。

コーチの時代には、こんなことも聞きました。

「俺は最後の年、ホームランは三十本打ったけど、選手としてお客さんを魅了できないようになったと感じた。だから、引退したんだ」

「いや、でも監督、三十本ですよ。三十本といえば、まだまだ一流バッターじゃないですか」

「いや、数字的には三十本でも、本当の王貞治を見にきてくれた人の期待に応えられなくなった。だから僕はバットを置いたんだ」

「仮に次の年もプレーしていたら、また三十本は打てたでしょう？」

「うん、打てただろうね。でもその中で、お客さんが満足してくれるホームランを何本打てるか。そう問いかけたら、やっぱりバットを置くべきだと思ったんだ」

もう、ため息しか出ないです。タイプはまったく違いますが、僕なんか現役十五年間で、わずか七十六本しかホームランを打っていません。現役としては、そんな見事な引き際だった王さんですが、監督としては話が別でした。

辞めるのは簡単だ。ただ、そこでシッポを巻くのはプライドが許さなかったのでしょう。生卵にまみれるような屈辱を晴らすには、勝つしかない。勝てば、ファンも受け入れてくれる。いつか見ていろよ……という気持ちが、王さんを支えたのでしょう。絶対頂点に立ってやるというバネになった。ですから勝負に対しては、おそろしいほど厳しい姿勢で臨んでいたんです。

ユニフォームを脱いだら気さくで、普通の人なんですよ。冗談を飛ばし、周囲に気を遣い、食事に行ったら女性の話などもして、場を楽しくしてくれます。ところが翌日、その続きのつもりでグラウンドに行ったらえらいことになります。柔和な表情は厳しく一変し、近寄りがたい雰囲気。プレーでも作戦でも、よっぽどでなければ、自分の考えを頑として変えません。非常に厳しい人でしたが、話す言葉に関しては大いに勉強させてもらいました。

「指導者は、説得力を持った話ができないとダメ」

王さんは、口を酸っぱくしてそういいました。

「たとえ相手のことが大好きでも、アイラブユーと言葉にしなければ、相手には伝わらないだろう？」

というわけです。目と目で話すだけでも、多少は意思が伝わりますが、言葉に出さないと細かいところまでは伝わりません。アイラブユー、というのは照れくさくて口にしにくいかもしれませんが、指導者もときには、いいにくいことを言葉にしなければならないことがある……。

またコーチには、勉強することを常に要求しました。コーチというのはいわば賞味期間があり、持っている知識や手法は三年で賞味期限が切れる。だから常に新しい知識を補充していかないと……という考えです。実際、三年で交代するコーチも多くいました。僕自身は、丸十年コーチを務めさせてもらいましたが……。

それはともかく、一九九五年にホークスの監督になったとき、王さんは、すぐにでも優勝できると思ったそうです。前年は根本監督のもと四位でしたが、優勝してもおかしくないメンバーがそろっていた。ところが初めて優勝するのは、王監督五年目の一九九九年のシーズンでした。それはひとえに、選手に勝ちたいという気持ちが足りなかったからだといいます。なにしろ、南海ホークス時代の一九七八年から王さんが監督になるまで、十七年連続Bクラスのチームです。そのうち七回が最下位。負け犬根性が染みついていました。たとえば、自分が凡打したとしても最悪走者を進める、といった高校生レベルの意思統一

普段はとても気さくな方ですが，グラ
ウンドでは誰よりも厳しかった王監督

もなく、個人でいい成績を残して給料を上げることしか考えていません。勝つことに執着心がないんです。

ですから王さんは、こんな荒療治もしました。一九九八年だったでしょうか。負けが込んだときに、チームに遠征先での外出禁止を申し渡したんです。選手だけじゃなく、コーチまで全員です。門限を設定し、その時間にちゃんと部屋にいるか、マネージャーがチェックに来る。私は当時四十四歳ですよ。それが、高校生みたいな生活を要求されて……。そうそう、当時は黒江透修さんもコーチを務めており、「六十いくつで、これかよ……」とぼやいていたものです。

基本的には王さんは、グラウンドを離れたらどんどん気分転換しろ、というタイプです。いっしょに食事に行けばざっくばらんに話し、ときには女性の話で盛り上がったりもする。遠征先のホテルで夜、すれ違ったりすれば、「あれ？　飲みに行かないの。行ってきなよ」。野球一色ではなく、生活にメリハリがあってこそグラウンドで頑張れる、という考えです。それが一転、外出禁止ですから、よっぽど危機感があったんでしょう。ちょっと話はそれますが、最近のホークスの選手は真面目すぎますね。たとえば、ヤフードームでナイターが終わったあとでも、トレーニング室で黙々と汗を流し、日付が変わるころにやっと帰宅する。これでは、息を抜くヒマがありません。

ですから飲みにも出かけないし、地元・中洲で目にするのはむしろビジターチームの選手です。遠征に出かけてもそう。「すすきの」でホークスの選手は見かけなくても、日本ハムの選手と出くわすことはよくあります。これは一概にはいえませんが、僕はそうやって、オンとオフをうまく切り替えたほうが力が発揮できると思いますよ。人間、ずっと張り詰めていられるものではありません。生活が野球一色では、いざ〝ここぞ〟という勝負どころになっても、平均点の集中力しか出ないと思うんです。メリハリをつけているからこそ、並外れた集中ができる。まさか、それがプレーオフで負け続けている原因とは思いませんが、ホークスの選手には「もっと遊べ」といいたいですね。

初優勝の影に尾花コーチあり

さて、異例の外出禁止令が出た一九九八年。ホークスは六十七勝六十七敗一引き分けの勝率五割で、オリックスと同率ながら三位になりました。なんと二十二年ぶりのAクラスです。王監督が初めて優勝するのはその翌年、一九九九年のことでした。これには、この年から投手コーチに就任した尾花高夫の力が大きいと僕はにらんでいるんです。

ヤクルトの十四年間で一一二勝をあげた尾花は、僕の三学年下。PL学園時代は甲子園出場はありませんが、もし僕が縁あってＰＬに進んでいたら、後輩だったわけです。

　現在プロ野球には、ＰＬ出身の選手が数多くいるんですが、高校時代に礼儀をみっちりと教えるのか、先輩と後輩の絆がすごく強いですね。試合前、相手チームに先輩がいたら、必ず走ってきて挨拶するんです。桑田真澄でも清原和博でも、毎試合毎試合、尾花のところにやってきて「こんにちは！」。これが三連戦なら毎試合ですから、すごいものです。しかも出身者が数多いから、若手選手はあっちに挨拶、こっちに挨拶で忙しいでしょうね。先輩に挨拶したら、今度は後輩が挨拶にくるのも普通でしょう。

　尾花はロッテで、そしてヤクルトでは野村監督のもと、再生工場の現場監督として投手コーチを務め、その手腕を買われてホークスに移ってきました。なにがびっくりしたかって、彼のつけるデータの細かさです。スコアラーの作成するものとはまったく別に、自軍のピッチャーの一球一球の球種とコース、その結果をすべて記録する。そして、なぜ一球目がこの球種か、なぜここでボールを投げたか、すべてのボールに対して完璧に検証するんです。さらに視野を広げて、四球をチーム全体で五十個減らしたら、防御率がここまで向上する、というシミュレーションまでするのですから、頭が下がります。現役時代のコントロールのよさ同様に、針の穴を通すようなすごいデータだといっていいでしょう。

　ただ、あまりに膨大なデータのため、球場入りしてからも整理しないと追いつかない。

それを目にしたほかのコーチからは、白い目で見られることもありました。あーあ、そこまでして〝働いていますよ〟という売り込みポーズをとらなくてもいいのに……ということでした。尾花は、いってみれば外様です。対して当時のホークスには、南海時代からの古参もまだ残っていました。大して働きもせず、のうのうと既得権益にあぐらをかいていた彼らからすると、尾花は異分子に見えたのでしょう。なんとかして、足を引っ張ろうとするわけです。

僕にも、覚えがあります。コーチ一年目のときに球場で資料を作成していると、「そんなのは、球場じゃなくて家に帰ってやれ」。旧南海のコーチでした。僕の資料なんかは、尾花の緻密さに比べたら大したことはありません。セカンドを何回見たら変化球を投げる、といったピッチャーのクセ、牽制は何球投げた、何球目に走った、アウトになったらそのカウント、成功率……という程度です。ただ、前日がナイターで翌日がデーゲームだと、なかなか資料をまとめる時間がないんです。球場で作業することも出てくるわけ。それを茶化されたものですから、カチンとくるんですよ。そんな記憶があったから、キレましたね。

「尾花が一生懸命に資料を作っている間に、あなたたちはなにをしているんですか。ペチャクチャしゃべって、タバコを吸っているだけじゃないか。だから二十一年間もＢクラスなんだろう！　自分たちはどんな資料を作っているんだ。少しは尾花を見習ったらどうなんだ」

と。尾花が就任したその年、ホークスのチーム防御率は〇・四近くもアップしました。防御率一位のタイトルは、工藤。これは、チームにとって実に二十五年ぶりのことだったんです。また、これはもう時効だからいいでしょう。ホークス時代のいつか、尾花と焼き肉を食べているとき、たまたまテレビでジャイアンツ戦を中継していました。巨人のピンチで、ボールカウントが一－三。

「まさか、こんなとこで真っ直ぐ放らせんやろうねえ。いくら一番ストライクが取りやすくても……」

と、僕と尾花。ところがです、次のボールがよりによって真っ直ぐ。バッターは案の定、いとも簡単にヒットを打ちました。僕と尾花は顔を見合わせ、「頭悪いなあ……」とつぶやいたものです。ピッチャーの能力が低いわけではないでしょう。ただ、そのカウントから真っ直ぐ、という要求に疑問を持たないから痛い目に遭うんです。その尾花が二〇〇六年、ジャイアンツに移ると、チーム防御率は前年から一点以上もアップしました。コーチ一人の力だけではないにしても、尾花が巨人投手陣に改革をもたらしたのは確かでしょう。

二軍コーチに降格

コーチをお引き受けするとき、「プロ野球ニュース」で知り合った方々に「王さんとは、どんな人ですか?」と尋ねました。決まって返ってくるのは「ものすごく厳しいよ」という答えでした。まあ、監督をやろうというからには、厳しくないとチームは強くならないでしょう。それを聞いて僕も、気を引き締めたものです。

常に、選手のことを第一に考える人です。たとえばある年のキャンプ。僕のミーティングというのは、長いんですよ。このボールカウントではピッチャーはこう投げる、そういうときに一塁走者としてなにを考えるか、あのピッチャーにはこういうクセがある……などと話しているうちに、ついつい長くなってしまう。二時間くらいはかかるんですね。ですから、少しでも早く選手を解放するように、開始時間を三十分切り上げることにしました。それまでなら夕食後八時から始めていたのを、七時半から始めようというわけです。自分では、少しでも選手によかれと思ってのことでした。

小久保裕紀という選手がいます。とても熱心に練習する男で、朝八時半からグラウンドに出て、まず個人でトレーニングし、チーム練習のあとも個人で居残り、宿舎に戻ってくるのは七時すぎ、というのが普通です。とにかく頭が下がるくらいの練習の虫でした。ミーティングの開始時間を早めた日。僕は全員に通達したつもりでしたが、なぜか小久保には伝わっていなかったんです。つまり本人は、これまでどおり八時からだ、と思いこんでいた。いつものように七時すぎに戻ってきたところへ、七時半からミーティングですから、食事をする時間がありません。僕は知らなかったのですが、小久保は空腹のまま二時間のミーティングに臨んだわけです。

それを知った王監督に、翌朝七時に呼び出されました。

「ミーティングの内容がよかったのは認めるが、小久保がメシを食っていなかったのを知っていたのか?」

「は? 申し訳ありません、それは知りませんでした」

「三十分早めたのが、なぜ伝わっていなかったんだ。練習のあと食事もせずに二時間というのが、どれだけきついかわかるだろう」

僕はひたすら謝罪するしかありません。小久保すまんかった、てっきり食事がすんでいるものと思って、長いミーティングをしてしまった。みんなのためにいいと思ってやったんだが、申し訳ない……。

これは、選手への目配りとかいった厳しさですが、グラウンドのことになると、その厳格さはひときわです。忘れもしない二〇〇〇年、六月七日のことです。前年には二十六年ぶり、ダイエーとしては初めての優勝を果たし、中日との日本シリーズ前。雁の巣球場で、王監督に申し出ました。

「優勝できましたし、三年の契約も切れますので退団させていただきます。ありがとうございました」

なにしろ王さんは、〝コーチ寿命は三年〟説ですからね。てっきり受け入れてくれるものと思っていたら、少し考えて、

「いや、島田。もうちょっと、コーチを続けてくれないか。優勝したけれど、続けて勝つのが難しいんだ。もっと走塁をレベルアップしてくれ」

そう説得されれば、まんざら悪い気もしません。一年の再契約を交わし、コーチとして残ったわけです。結局一九九九年には、日本シリーズで中日を倒して日本一に。ホークスとしては、なんと三十五年ぶりのことでした。その翌年、仙台でのオリックス戦でした。一対〇とリードした五回表、僕は一塁走者の鳥越裕介に盗塁のサインを送ります。ただこれが、二塁で刺されてしまいました。一塁コーチャーズボックスからベンチに戻ると、王監督が血相を変えてどなるんです。

「なにを考えているんだ！　負けている局面ならスチールもあるが、打順は下位なんだ

し、次の回の前に打順を一つでも進めたほうがいいだろう」

盗塁のサインに関しては、すべて僕に任されています。相手投手のクセや配球などを徹底的に研究し、チームに貢献しているという自負もある。つい感情的になり、いま思えば失礼なことをいってしまいました。

「監督、それならストップ（走るな）のサインを出してもらえばよかったんですが」

「なにい！　スチールに関しては信頼して任せているのに、今年はアウトが多いんだよ！　なんなら、ほかの五球団の盗塁数と失敗数のデータを調べてみろ」

実際に球団に電話をかけ、調べてもらいました。確かにその時点のホークスは、盗塁の失敗が多い。失敗数では、柴原洋などがことに目立っていました。僕は悔しまぎれに、

「だったら、監督がスチールのサインを出してくださいますか」

といってしまったんですが、これが一言よけいでしたね。指揮官にとってそれは、権威に対する冒涜にもなりかねません。結局その試合は三対六で敗れ、試合後のことです。

「いらないから二軍に行ってくれ」

王監督の逆鱗に触れた僕は、二軍コーチ降格を通告されました。

翌六月八日に福岡に移動し、次の日から雁の巣球場の二軍に合流です。当時の二軍監督は、古賀英彦さん。アメリカのマイナーリーグ、独立リーグなどを渡り歩いた人で、ヒデ

ヒコという名前が発音しにくいことから、「ハイディ」というニックネームで親しまれていた人です。そのハイディさんにいわれました。

「こんないい方をすると失礼だが、非常にいいときに二軍に来てくれた。いま、走塁を教えるのに困っている。若い選手にみっちり教えてくれないか」

二軍降格で腐りかけていたのですが、落ち込んでばかりはいられません。根っから陽気な男ですから、「いいですよ。レベルアップを図りましょう」と請け合いました。

これがすばらしい経験でしたね。当時のホークスの二軍には、川崎宗則や田中瑞季といった、足の速い選手が多くいました。ところが、その武器を生かしきっていない。リードの取り方、スタートの切り方、帰塁のし方……まったく、なっちゃいません。

こういう選手をとにかく一流に育てたい、一軍に上げたい。その思いで夢中になりましたね。スタートからスライディングまで、六月から八月にかけての炎天下に、全員汗だくになりながら取り組んでいました。僕のプロ一年目、福田さんとの倒れそうな練習を思い出しながら……。

とにかく貪欲だった川崎宗則

その二軍に一人、ヒョロッとした選手がいました。川崎宗則です。前年のドラフト四位で、鹿児島工から入ったばかり。一八〇センチ近くありながら体重は六〇キロ台で、まずプロとしての体をつくることが優先でした。それでも、バットに当てるのがうまかったりと、センスはすばらしい。それとなにより、ものすごく貪欲でした。こちらが教えたことを全部聞き入れ、吸収するばかりか、わからないことがあったら労を惜しまず聞きにきます。

「スタートのタイミングがわからないんですが……」

そう慕ってくれれば、コーチも人間。よし、じゃあやろうか……と、手取り足取り教えることになります。あのかわいい顔でしょう。玉三郎というあだ名をつけて、僕はタマ、タマと呼んでいました。いいか、タマ。俺も最初は、なかなか盗塁ができなかったんだよ。まずピッチャーのどこを見るのか。どこでスタートを判断するのか。実際にプレーしながら、ようやくわかっていくもんだ……。ただ、そういうハートはよかったんですが、走り方ひとつとっても、最初はひどかったですね。肩が揺れ、手の振りとのバランスも悪く、単に足の速さまかせで走っていたんです。

それでも、五〇メートルを五秒八で走っていたのですから大したものです。素材は、文句なくすばらしい。いいか、まず肩の力を抜いて、腕が自然に振れるようにしよう。そしてスタートのかたちをピシッと決めよう。重心は、どこにかけるか。一歩目に、どうやってヒザを使うか。噛んで含めるように、少しずつ教えていきました。

ただ川崎は、鹿児島出身のわりには、暑さに弱いんですよ。「福岡は鹿児島より涼しいだろう」とハッパをかけても、炎天下ではなかなか体力がもたない。熱中症になってはかないませんから、こまめに水分を補給させました。ただそうすると、なかなか水飲み場から出てこないんです。「遅いぞ、早く出てこい」とせかしてやっと出てきたら、水の飲みすぎでお腹がタプタプ状態です。「お前、それじゃあ動けないだろう！」。そんな毎日の繰り返しでした。

いまでこそ、練習中の水分補給という健康管理は常識ですが、僕らは「水飲むな！」の時代でした。軽い脱水症状など当たり前。そういう高校時代を過ごした連中なら、練習中、いかに目を盗んで水を飲むか、という話題で三十分ほどはもちますね。ある選手は、地中に水の入った瓶を埋め、ストローを出しておいて、スライディングキャッチのふりをして飲んだといいます。僕の直方学園高校時代なら、キャッチボールをしているときに先輩が

「暴投しろ」というアイコンタクトを送ってくる。「バカヤロー、どこ投げてんだよ」とかいいながらボールをとりにいったついでに、物陰に隠しておいたヤカンから水を飲むという寸法です。まあたいがい、監督はそれを見抜いているんですけどね。

体力がなく、すぐにネをあげていた川崎ですが、そのわりには貪欲なんです。チーム練習でも決して手を抜かず、しかも居残りしてトレーニングに汗を流す。グラウンドから離れてもイチローの本を読んだり、誰かのビデオを繰り返し見て研究したり、という姿勢は並外れていました。川崎は三年目にはウエスタンリーグの首位打者になり、四年目の二〇〇三年には開幕からスタメン、二〇〇四年には盗塁王になりました。

川崎はプロ入りしたとき、レベルの差に愕然としたそうです。愕然としたからこそ、追いつこうと必死になったといえるかもしれません。僕にとっても、川崎の存在は大きかったし、いい勉強でしたね。もし川崎がいなければ、二軍降格でやりがいを見失い、腐ったままだったかもしれません。

負け犬根性からの意識改革

その二〇〇〇年ですが、ホークスは西武と激しい首位争いを演じていました。八月下旬に首位を明け渡し、そこから九試合で五連敗を含む一勝八敗と、差を広げられた時期。一軍のマネージャーから、「王監督が、島田を一軍に上げるようにとのことだ」という連絡がありました。ただ、翌日の試合が雨で中止となり、「ちょっと待て」とそれを見合わせた。一時待機しているうちに、ホークスは翌日から九連勝で首位を奪い返したものですから、一軍昇格の話は立ち消えになってしまいました。あれは残念でしたね。

西武から首位を奪い返したホークスは、そのまま優勝を決めました。日本シリーズの相手は、巨人です。そう、監督が長嶋茂雄さん。つまり、唯一のON対決となった日本シリーズなんです。正直、その場にいたかったな、という気持ちはあります。結局、巨人が四勝二敗で制しましたが、日本シリーズが行われた十月二十一日から二十八日というのは、二軍がちょうど黒潮リーグをやっていたころなんです。ですから二軍コーチの僕は、世紀のON対決を現場で見られなかったわけ。二軍の悲哀というのを感じました。一軍は、最高の舞台で華やかな対決を行っているというのに、二軍は教育リーグの真っ最中、というんですから。

で、黒潮リーグが行われている四国にいるときにびっくりしたのは、一軍のあるスタッフから「巨人のピッチャーのクセを調べろ」という指令がきたんです。それは無理でしょう。前年までの蓄積があるパ・リーグのピッチャーならともかく、セ・リーグのことですから予備知識がまったくない。

「ちょ、ちょっと待ってくださいよ。いま四国にいるんですよ。ビデオが手もとにあれば別ですが、資料もなにもなく、第一ジャイアンツにどんなピッチャーがいるのかもわかりません。資料を取り寄せろ、といわれても旅館暮らしで、資材もないし。いったい、どうやって調べろというんですか」

「とにかく、調べてくれないか」

「難しいです。もし僕がクセを見つけたとしても、それが間違っていたら牽制でアウトになるし、一軍のコーチがやることじゃないんですか。それをさしおいて僕がやるのは、やはりおかしいと思います」

きっぱりとお断りしながら、内心ではちょっぴり溜飲を下げていました。もっとも、二〇〇〇年の日本シリーズで巨人に負けたこともあり、僕は退団を覚悟していたんですよ。古賀さんにも、「ハイディ、僕は退団だと思います。いろいろありがとうございました。川崎を教えられたことは、いい勉強になりました」と挨拶していたほどです。そんなある日、尾花から電話があったんです。聞くと、王監督に呼ばれ、二人で食事をすることになったといいます。

「誠さん、辞める気でいるんじゃないでしょうね」

「いや、そのつもりじゃなくても、そうなるだろう。王監督を怒らせたんだから……。短い間だったけど、ありがとうな」

「なにをいってるんですか。簡単には、辞めさせませんよ」

そんなやりとりがあり、黒潮リーグも終わった数日後のことでした。王さんと会ったときに、「島田、来年もやってもらうから」といわれたんです。「?」。こちらはもう、覚悟はしていました。周囲の情勢も、そんな感じだったでしょう。それが一転して、残留ですか……よろしくお願いします、といいながら、キツネにつままれたような思いでしたが、実はこういうことでした。王監督と尾花との食事の席で僕の話になり、尾花がいったそうです。

「島田さんを退団させるのなら、私もいっしょに退団しようと思います。僕の一年目に、古参コーチから嫌がらせを受けたことがありまして、そこで助けてくれたのが誠さんなんです。四面楚歌の状況にあって、非常にありがたいことでした。その島田さんが退団ということになれば、私も……」

「いや、勘違いしないでくれ。逆なんだ。来年は、島田をまた一軍にあげて、頑張ってもらおうと思っているんだよ」

こうして僕は、二〇〇一年からもホークスのコーチを続けることになるのでした。

いまにして思うと、一九九九、二〇〇〇年の連覇は、二十一年間Bクラスだったという負け犬根性からの意識改革と強化策が、うまくかみ合ったのだといえます。そして一九九九年の優勝により、自分たちがやってきたことに自信が出てきた。それまでは、苦しい練習をしても結果につながらないので、どこか半信半疑の面がありましたが、日本一の歓喜を味わい、よし、もう一度この感激を味わいたい、という意欲に変わっていきました。

その裏づけには、豊富な練習量があります。一九九九年に日本一になり、一週間の休みのあと、秋季キャンプ開始にあたって、王監督のいったことが記憶にあります。

「今年は優勝できたが、来年もまたできるという保証はない。今年の喜びは今年で終わり。自分に足りなかったことを、この秋季キャンプで改善し、また優勝に向けてやっていこう」

優勝の喜びはわずか一週間で、また次への戦いの始まりです。とにかく、ホークスの練習量には驚きました。とくに、初めての春のキャンプ。「いつになったら、練習が終わるの?」というくらい、みっちりと練習していました。もちろん、長い時間をかければいい、というものじゃありません。人間の集中力は三時間が限界、といわれていますから、六時間練習したからって、倍、成長するはずもない。運動、栄養、休養といわれるくらいですから、ときには筋力を休め、メリハリをつけることが必要です。

ただ、そういう理屈を抜きにして、小久保の練習熱心さはすごかった。入団二年目の一九九五年にはホームラン王になり、僕がコーチになったときにはすでにチームの主軸でしたが、朝八時半から七時半まで、なぜそんなにできるのか、というくらい体をいじめていました。そういう姿勢を見て育ったのが、松中ですね。

これは、プロゴルファーのタイガー・ウッズについて聞いた話です。タイガーは大会中でも、早朝五時半ごろから一八ホールのアップダウンを走るのが何年もの習慣だそうです。最後の十八番では、グリーンからティーグラウンドに向かって何回もダッシュを繰り返す。きつくないのか？　と問われると、きついのは見ている君だけだろう、僕はこれで生活しているんだから——。練習場でもタイガーは、一番最初にきて一番最後までいるといいます。

小久保とタイガーを同一視するのはどうかと思いますが、練習への真摯な姿勢がチームに伝わり、それが結果につながり、ホークスが常勝チームになっていったのでしょう。

いいピッチャーは、サインに首を振る

川崎や小久保の話をしたついでに、二〇〇六年までのコーチ生活で印象的だった選手

のことを話しましょうか。

いまはマリナーズに移籍した城島健司。一九九五年にホークスに入り、キャッチャーという難しいポジションながら、三年目にはほぼレギュラーに定着するのですから大したものです。ただし、経験や老練さが必要なリードに関しては、まだまだ。ベテラン投手の間には「城島がマスクをかぶるのなら、投げたくない」という声まで出る始末でした。世間でよくいわれたように、工藤公康が在籍していた期間は、こんこんと指導されていたものです。

「お前、あの場面でなんであのタマなんだよ。わざわざ打たれろ、ということか？」

ときには、マウンド上の工藤が何度もサインに首を振り、タイムをかけ、城島をマウンドに呼びつけていました。違うだろう、というわけです。そして工藤がすごいのは、大差がついたり勝敗に関係ない場面では、その城島のサイン通りに投げ、わざと打たれるわけです。「ほら、あれじゃあダメだろ」と、城島に間違いだと実感させるわけですね。そういう経験を積み、ピッチャーに育てられながら、キャッチャーとして成長していったわけです。

ただ、すっかり第一人者となってからは、ちょっと勘違いすることもありました。守備が終わり、ベンチに戻ってきて「俺のサインに首を振るなんて、エエ度胸してるな」などというんです。それだけの自信の表れ、ともとれますが、若いピッチャーはそれでは成長しませんね。一九九九年にホークスのピッチングコーチになった尾花などは、「キャッチャーのサインには首を振れ」といいますよ。ことに相手が実績のあるキャッチャーだと、なかなか首は振りにくいものです。若いピッチャーなら、なおさらですね。それを繰り返すうちに、無条件にサインにうなずくようになり、自分で考える、ということをしなくなる。自分で考える力をつけるためにも、納得がいかなければサインに首を振ったほうがいいんです。

僕の現役時代で、一つ思い出したことがあります。阪急との対戦で、今井雄太郎さんからホームランを打ったときのこと。なにを考えたのか阪急バッテリーは、四球続けてカーブを投げたんですよ。プロは普通、三球も同じコース、同じ球種を続けません。徐々に目が慣れて、打たれるリスクが高くなるからです。四球も続けたら、これはもう確実に仕留められる。いくらアベレージヒッターの僕でも、たやすくホームランを打てたんです。そのとき、阪急の上田利治監督の談話。

「いくら島田でも、四球同じカーブを続けたら、それはホームランも打つわ」

やはりカウントはどうあれ、四球カーブを続けるよりも、一球は真っ直ぐを見せておくべきでしょう。打ち取らなくてもいいんですよ、藤川球児（阪神）の真っ直ぐとはワケが違うんですから。藤川くらいの真っ直ぐがあれば、三球も四球も続けていい。わかっていても打てないタマなんですから。しかし、そういう武器がないほとんどのピッチャーなら、配球で打ち取る工夫をしなくてはなりません。確かそのとき、マスクをかぶっていたのは藤田浩雅という若いキャッチャーでした。四球もカーブを続けたのはなにか意図があったのでしょうが、そこではピッチャーが首を振らないといけないでしょうね。

不思議なもので、ピッチャーがサインに首を振ったら、球種を変えたと見るのが打者心理です。たとえば、一－三あたりのバッティングチャンス。ピッチャーが首を振ったのなら、キャッチャーのサインは投げたくないタマだったはずです。じゃあ、投げたいタマはなんだろう。一－三だとしたら、一〇〇パーセント、ストライクを投げたいですね。その日は、どのタマでストライクを取れているかがデータでわかりますから、その一球を待てばいいですね。ところがバッテリーは、その心理を利用することもできる。

打者有利のカウントで、ピッチャーがスライダーを投げたい場面。キャッチャーが実際、そのタマを要求したとしましょう。ただ、ここでピッチャーがあえて首を振ったらどうでしょうか。何回か首を振り、呼吸が合わない演技をする。えー？　なんで？　これも違うのかよ……キャッチャーがつぶやいたりするのもいいですね。こうなると、バッターは戸惑います。スライダーしかないだろう、それなのに首を振るということは、真っ直ぐ？

一方バッテリーは、ハナから三味線なのですから、やりとりのあとは結局スライダーに戻す。スライダーしかない場面、すぐにサインにうなずいて投げては見え見えでしょう。結局スライダーを投げるのでも、相手を惑わせるような芸の細かさが、リスクを軽減するわけですね。ですから、テレビで観戦するときは、シグナルの交換、とくにピッチャーが首を振ったときと球種の関連に注目するのもおもしろいですよ。

井口との盗塁教室

城島同様、現在は大リーグのサンディエゴ・パドレスに在籍するのが井口資仁です。一九九六年のドラフト一位でホークスに入りましたから、僕がコーチになったのと同時期ですね。井口の入団で、チームが活気づいたものです。攻・走・守と三拍子のそろった選手。青山学院時代は東都リーグで通算二十四ホーマーという記録をひっさげ、二十世紀最後の大物内野手といわれたものでした。一九九七年のショートのポジションは、井口で決まり。全員が、そう思ったものです。実際、当時ショートを守っていた浜名千広はセカンドの、セカンドを守っていた小久保はサードの練習に取り組んだものです。

ただこれは、本人にとってはプラスじゃなかったようですね。周囲の状況から自分でもレギュラー獲得を確信したので、大過なくそこそこなせばいいや、と思ったフシがある。春季キャンプを見る限りでは、目の色を変えてやっている感じはしませんでした。そんなことでは、オープン戦で結果が出ないのもしょうがありません。あげくは足首をひねり、開幕は二軍からのスタートでした。一年目は出場わずか七十六試合ですから、大物内野手としてはさんざんなスタートといっていいでしょう。

二年目も、ショートの定位置を獲得して全試合に出場し、ホームランこそ二十一本打ったものの打率は二割二分そこそこ。三年目も優勝には貢献したものの、打率は二年目と似たようなもので、まあ早い話がプロの壁です。それでも本人には、自分はなんでもできるという自負があったようです。僕が、

「球界広しといえども、お前ほど三拍子そろった選手はなかなかいないと思うよ。井口、それだけの足があるんだから、もっともっと盗塁する気はないか？　盗塁というのはスリリングだし、俺は魅力あるプレーだと思うよ。盗塁もできてホームランも打てる、なんて選手は、なかなかいないぞ」

と水を向けても、のれんに腕押し、聞く耳を持ちません。野球の華はホームランだと思いこんでいるようで、練習の比重はもっぱらバッティングに集中していました。僕がいくら村松有人、柴原ら、足の速い連中とスタートの練習をしていても、井口は見向きもしま

せん。選手に練習を強制しても、上達は知れたもの、というのが僕の考えです。自分からその気にならない限り、教えない。その代わり川崎のように、貪欲に吸収しようという姿勢があれば、持っているものをすべて伝えました。ですから井口にも、無理矢理走塁の練習をさせることはありませんでした。

井口というのは不思議な選手で、ランナーで出たときに牽制されても、足から塁に戻るんです。帰塁するには、足からよりも手から戻ったほうが速いもの。次の塁を狙うランナーは、少しでもリードを大きくとろうとするために、例外なくヘッドスライディングで帰塁しています。つまり足から戻るということは、余裕で戻れるリードしかとっていないわけですね。極端にいえば、手抜きですよ。ある日、王監督から尋ねられました。

「なんで井口は、ベースにヘッドで帰らないんだ？」

「やればできるんでしょう。ただあれが、彼のスタイルなんですよ。ユニフォームを汚したくないんじゃないですか」

「おいおい、あの男のスタイルに合わせていてはいけないんだよ。あの男を、チームのスタイルに合わせなければ」

「監督、それはわかります。わかりますが、ちょっと待ってください。押しつけではなく、自分からその気にならないとモノになりません。井口は、時間をかけて必ずちゃんとしてみせます」

そんなある日のこと。おあつらえ向き、といったら怒られますが、一塁に出た井口が、牽制でアウトになったことがありました。ここだ、と見た僕は、試合のあと、井口にこう話しました。

「なぜアウトになったか、理由がわかるか。足で帰塁するからで、あのリードなら手で帰ればゆうゆうセーフだっただろう。足で帰ってもアウトにならないようにしたら、リードが小さくなるよな。リードは大きくとりたい、でも頭から帰ってはユニフォームが汚れる……というのでは、プロの野球選手じゃないぜ」

井口本人も、なかなか成績が上がらず、もどかしかったのでしょう。一九九九年のシーズンが終わったあとだったでしょうか、とうとう、こう申し出てきました。

「すいません、盗塁を増やしたいんですが」

「ん？　盗塁には、魅力がないんじゃなかったっけ」

「いや、三拍子そろった選手になりたいと思いまして」

もともとセンスは抜群で、三年目のこの年も十四と、盗塁もそこそこ決めていたんですよ。ただ、走れるくせになかなか走らない。それが自分から、盗塁を教えてくれといってきたので、よっしゃしめた、と思いましたね。技術さえ教え込めば、盗塁王だって無理じゃない足があります。よーし、と内心ほくそ笑みながら、素知らぬ顔で井口に申し渡しました。

「よし、教えてやるよ。そのかわり、俺のいうことを聞くか」

「はい、お願いします」

体型から見ると胸板が厚く、モモが太く、足の速いイメージじゃない井口ですが、その野球センスたるやすばらしいものです。スタートはこう、走るタイミング、カウントはこう、他球団のエース級のクセ……集中的に教えこみました。いわば、盗塁教室ですね。技術とともに、盗塁の哲学も伝えていきました。

いいか、なんの考えもなくやみくもに走ったらアウトになってしまう。バッテリーとの駆け引きで塁を盗むことを覚えよう。球速が三〇キロも違うストレートと変化球では、ホームへの到達時間も違ってくる。俊足のランナーなら、コンマ一秒で七、八〇センチも進むんだから、ストレートを投げるときにスタートを切っては愚の骨頂だ。だから、変化球を投げてくるカウントで走るんだ。ピッチャーには、牽制を投げるときとホームに投げるときのクセの違いが必ずある。それさえわかればリードも大きくとれるし、スタートも早くなる。だから、そのクセを探せ。クセがわかれば、牽制を投げるかどうか教えてくれているようなものだ。重心が七対三で右足にかかっていても、来るよ来るよ、と警戒してい

盗塁の成功・失敗を左右するリード。リードを大きくとるためには，ピッチャーのクセを頭に入れておくことが必要

れば一塁に戻れる……というふうに、盗塁のおもしろさを教えていったんです。

こうして二〇〇〇年のシーズンに入ると、井口はすっかり僕に頼りっぱなしでした。一塁走者で出たとき、一塁コーチャーズボックスの僕にしきりにアイコンタクトを送ってくる。

（このカウントですか？）

（いや、ダメだ）

で、ピッチャーが投げるのが真っ直ぐですから、ますます信頼してくるわけです。なるほど、いま走っていたら危なかったな、と。次のボールで、

（ここですか？）

（そうだ、いけ）

とシグナルを送ると、相手の投球が変

化球で、ものの見事にセーフになります。この年、左肩を故障して手術、長期離脱を余儀なくされたために盗塁はわずか五つでしたが、成功体験が自信になり、井口は盗塁の魅力に目覚めたのでしょう。二〇〇一年には四十四盗塁でタイトルをとり、刺されたのはわずか九つでした。ホームランも三十本。打率もそれまででは最高を記録し、打って走れる選手に成長してくれたわけです。

僕の与えた課題を、井口がすべてクリアしてくれた快感は、コーチ冥利に尽きました。また僕にしても、前年のシーズン途中で二軍に配置換えになった手前、この二〇〇一年はことに勝負をかけていましたから。

これ以後、井口は、ひと皮むけましたね。なにより、野心的になった。試合前には必ず「今日のピッチャーのクセを教えてください。牽制は……」「今日の間合いはどういうカウントで……」と聞いてくる。打撃練習中でも、僕が外野ノックをしているのをつかまえて、聞いてくる。あまりに夢中になるので、「塁に出なければ始まらないので、バッティングもおろそかにするなよ」とクギを刺したほどです。

井口は、一年おいた二〇〇三年も盗塁王。完璧に間合いを取って走れる選手になり、成功率は八割七分五厘に達しました。この年は、チームとしても盗塁が一四七個。十二年ぶりのリーグトップで、二位の日本ハムとは六十近い差がありましたから、やっていてワクワクしましたね。日本シリーズでも、いくら阪神が強いといっても負ける気はしませんでした。

二〇〇四年には、前年にレギュラーに定着し、三十個の盗塁を決めていた川崎が、四十二個で盗塁王。井口は川崎に向かって「今シーズンはお前にやるわ」といっていたものです。川崎には、「おいおい川崎、井口のは負け惜しみやから、絶対盗塁王とれ」と伝えましたけどね。

それにしても、一九九九年に優勝してから、ホークスがどんどん強くなっていく、充実した時代でした。井口はいま、大リーグでは年間十五個前後しか走っていないようですね。メジャーのピッチャーは、クセはわかりやすいし、クイックもうまくない。井口の足ならなんぼでも走れそうで、渡米前は「お前、盗塁王をとれるぞ」といっていたのですが、サインが出ていないのかもしれません。もし僕が一塁ベースコーチに立てば、倍くらいに増やすことができるんじゃないかなあ……。

コーチはつらいよ

僕がホークスのコーチになったとき、まず目をつけたのが大道典嘉という選手でした。

二〇〇七年にジャイアンツに移籍しましたが、一九八八年に南海入り。選手として唯一、南海、ダイエー、ソフトバンクのユニフォームを着た男でもあります。いまでこそ左キラー、右打ちの名人といわれていますが、一九九六年までは準レギュラーに甘んじていました。

定位置を獲得できないのは、守備に弱点があるからです。当時のホークスには秋山、村松という外野陣がいましたから、ここに外国人が加われば、大道になかなか出番はない。ですが、あの打力は捨てがたい。大道が打線にいれば、相手にとってはかなりの脅威なんです。そこで王監督に「大道を使いたいんです。できれば、ライトを守らせたい」と申し出て、「任せるから」と了解してもらいました。そこで、一九九七年の春季キャンプ。「毎日個人ノックをするから、覚悟しておけよ」と通達し、重点的に守備練習です。

大道も、それによく応えました。出たり出なかったりという立場から抜け出したい、定位置確保に飢えていたんですね。必死でノックの打球を追いました。最初は、まるで草野球のような危なっかしさです。ただ、それが一週間、二週間たつうちに、どうにかサマになってくる。肩の弱さばかりはどうにもなりませんが、オープン戦でも王監督は、守備には目をつぶって使い続けてくれました。そのうちにゲーム勘もつき、本人もなんとか手応えを得たようです。

そうして、一九九七年のシーズン。大道は初めて規定打席に達し、二割九分三厘でリーグ十五位に食い込むのです。大道は、「島田コーチには足を向けて寝られません」と感謝してくれましたね。なにしろ、この年をきっかけに年俸が何倍にもなったんですから。いいですよね。選手は、いい成績を残せば年俸が倍々ゲームで上がっていきますが、コーチの場合は選手を育てて当たり前。選手がどんなに急成長しても、年俸はさほど変わりません。平均的なところで、大卒のドラフト一位と同程度じゃないでしょうか。球団によっては、びっくりするほど高いところもあるようですよ。二軍でも二千万とか、ヘッド格になると六千万とか。あるチームのヘッドコーチの年俸が、別のチームの監督よりも高かった、などという話も聞きます。

まあ、あまり金額の話をするのは下品ですが、現役選手よりもコーチのほうが何倍も忙しいのは確かですね。選手は、自分の技術さえ磨けばいいんです。キャンプなら、自分で納得がいったら練習を終わればいい。ところがコーチは、朝から晩まで、全員の練習に付き合わなければなりません。居残りで特守をしたい、と選手がいえばノックを打ち、特打をしたい、といえばバッティングピッチャーもやります。松中などは、「十五分くらい投げてください、誠さん」というので付き合ってやると、「もう一本お願いします」「もう一本……」と、十五分が過ぎても終わりはしません。四十分がたち、五十分……こっちが

「いつ終わるんだ?」とヘロヘロになっているのに、人の気も知らずに気持ちよさそうに打ち続けるんですよ。しまいには、五百球くらい投げることもざらです。

シーズン中は、もっと大変です。ナイターが終わったあとには、その日のデータを整理しなければなりません。僕の担当なら、ピッチャーの投げる間合い、クセを修正しているかいないか、配球の傾向などなど。眠い目をこすりながらの作業ですが、一日延ばしにするほどデータがたまっていきますから、その日のうちに整理しておくしかないんです。確認すべきことがあればビデオを巻き戻し、初めて対戦したピッチャーだったりすると、クセを発見するまでに延々とかかります。それが終わってから、ようやく帰宅。とうに日付は変わっていますが、翌日の試合が六時開始だとしたら、十二時前には球場入りしていなければなりません。

全員の練習は二時からですが、若い選手は早出して、十二時半から一時半までバッティングをしています。ですからこちらも、まずは着替えて外野を走り、球拾いをしたりでサポート。全体練習のときには、対戦相手のビデオを見て、なんとかクセを解析しようと頭をひねることもあります。四時で練習が終わると、四時三十五分から野手ミーティング。それまでには資料をそろえておかなければなりません。パ・リーグは予告先発ですから、そのピッチャーの傾向、攻略法、また盗塁する人間にはスタートのタイミング、ほかの人間にはエンドランに備えてここを見ておけ……。

王監督がいうように、コーチが勉強しないチームは勝てないんです。相手投手の分析などはスコアラーがやりますが、クセを見つけるのは走塁コーチである僕の仕事。ほかにも、相手のノックを見て、野手の肩の強さを確認しておく。すでに知っている情報でも、この日に故障していないとも限りませんので、確認を怠ることはできません。

試合が始まっても、一塁コーチャーの僕ならば、攻撃中はずっとグラウンドに立っていますし、打撃コーチは常に攻略法に知恵を絞る。ピッチングコーチは一球も見逃さず投手に目を配り、継投のタイミングを計らなければなりません。テレビ中継ではなかなかわからないでしょうが、コーチというのはなかなか多忙なんですよ。

さて、大道の守備を鍛え上げていた一九九七年春。この年、井口や松中とともに、柴原洋が入団してきます。地元・福岡の出身で、僕も彼の九州共立大時代、たまたまプレーを見ていました。当時僕はまだ解説者。この選手は、すぐにでも使えそうだな……と思った記憶があります。実際にホークスで対面してみると、足は速いし、また非常に練習熱心だと聞いていました。よし、大道と同時に、コイツもいっぱしの選手に育てよう、と思ったものです。三年かかってもいいから、一人前にしようと、つきっきりでいろんなことを教えたものです。

ところがある日、ある選手が近寄ってきてポツリと、「弟子が悩んでますよ」。一瞬なんのことかわからなかったのですが、はたと気づきましたね。柴原が、なにかに迷っていた。僕からしたら、なんとか柴原を育てよう、と懸命に指導していただけなんです。それがほかの選手には、特別の師弟関係に映っていたようで、僕に他意はないのに、えこひいきみたいに個人的なものとしてとらえられた。それで、やっかみ半分の皮肉をこめて〝弟子〟といったのでしょう。

プロ野球選手といっても、人間です。いやむしろ、特別な技能を持った人間の集まりだからこそ、みんな〝お山の大将〟で、人の評価には敏感なものです。僕は全員に、分け隔てなく教えていたつもりでも、どこかで特定の選手に目をかけていたのでしょう。それが敏感な選手の目には〝弟子〟と映った。それからは、選手との接し方を意識するようになりましたね。

盗塁のサインを出すタイミング

さて柴原ですが、一年目にはさほど出場機会がなかったものの、二年目には早くも三割一分四厘でベストテンの四位に入りました。その年のキャンプで、すり足でタイミングをとるようにバッティングフォームを改造したのが、本人にすごく合っていたんでしょう。このときも王監督にスイング改造を提案し、了承を得てのものでした。なにしろ一年目に結果が出ていませんから、変えるにしても思いきり変えやすかったんですね。本人も、なにかを変えることに意欲的でした。それで、それまで右足を上げてタイミングをとっていたのを、すり足にしたんです。ところが……。

三年目のキャンプに出てきた柴原を見ると、フォームがまるで違うんですよ。前年いい結果を残した、すり足ではない。なぜ？と聞くと、「もう一段階上へ行きたいから」。それは、いいことです。現状に満足しない向上心はいい。だけど、そのための方法として、フォームをいじるというのは適当ではありません。三割を打てたフォームを変えるのは、たとえ三割三分、三割五分を目ざすためでも、リスクが大きすぎます。プラスしたり、マイナスしたりする変更点はごくわずかだとしても、その微妙な差でフォーム全体が揺るぎかねません。

案の定、そのシーズン、柴原は二割六分三厘で終わりました。

「わかっただろう。結果が出ているフォームを変える必要はないんだよ。むしろもっと振り込んで体に覚えさせ、がっちり固めればいい。もっと打率を上げたければ、選球眼を磨いたり、読みを深くしたりすればいいんだよ」

ゴルフでいうなら、ショットが安定しているのにフォームを変えることはありません。コース戦略を洗練していけば、スコアはいくつか縮まるでしょう。柴原は翌年、またすり足のフォームに戻しました。そこから二年連続三割を記録するのですが、今度は打つことだけで満足し始めました。俊足も、柴原の売りの一つです。二年目には十八、三年目には二十二の盗塁を記録しています。ところが、再び三割を打った二〇〇〇年には十、二〇〇一年には八……と、盗塁数がどんどん減っていくんです。

「お前ね、ホームラン打者じゃないんだから、三拍子そろった選手にならないと。足があれば、多少打てなくなっても使ってもらえるんだ」

といっても、聞く耳を持たないんです。もともと、打撃に関してはいいものを持っています。俊足選手にありがちな、叩きつけて出塁するだけではなく、強い打球の打てる選手でした。ですから、打撃には貪欲さがあります。ただ、これが盗塁となると、どうも消極的なんです。アウトを怖がる、といいますか、こっちが「いけ！」というシグナルを送っても、スタートを切れないんですね。

盗塁のゴーサインを出すのはまず、カウントとして変化球が想定されるとき。そしてピッチャーがホームに投げる、つまり牽制を放ってこないと確信したときです。そんなの、わからないんじゃないの……と思われそうですが、じっくりと観察していると、よくわかるものなんですよ。現役のピッチャーだと差し障りがあるので、たとえば日本ハムにいた岩本勉はわかりやすかった。一度ランナーを目で抑えたら、ほぼ確実にホームに投げるんです。これは楽。西武時代の松坂大輔も、完璧にわかりました。ただ、けっこうクイックモーションが速い。また、投げるまでの間もすべて「イチ、ニの、サン！」ではなく、一球ごとにボールを長く持ったり短く持ったりするので、牽制はなくてもスタートのタイミングがとりにくい。つまり、クセを見抜いたから即盗塁できるかというと、そうでもないんです。

現役ピッチャーでいうと、ダルビッシュ有（日本ハム）のクセはわかりませんでした。また、クイックモーションの速さではロッテの久保康友。牽制はさほどうまくないのですが、走者を置いてホームに投げるときのモーションが、抜群に速いんです。とてもじゃないが、盗塁のサインは出せません。そういうピッチャーとの対戦前は、こちらから王監督に伝えました。今日は盗塁は難しいですから、エンドランのサインを多めにお願いします。逆にクセのわかるピッチャーのときには、今日は走れますよ、とか……。現代野球は、重箱の隅をつつくようにそういうクセを探さないとなかなか勝てません。

十年間ホークスの一塁ベースコーチを務めていて、盗塁のサインを全面的に任されたのはうれしいですが、それはそれで責任重大でした。自分の出したサインで牽制アウトにな

ピッチャーのクセを見抜けば，盗塁の成功率は格段にアップする

ったり、盗塁を失敗したりしようものなら、王監督はなにもいわなくても、もう針のムシロですよ。ですから変化球を投げるカウント、ピッチャーのクセなどを、年がら年中見ていました。

相手が変化球でくるカウントというのは、ピッチャーの傾向によって異なりますが、大まかにいえばバッティングチャンスです。たとえば一―二。一―三にしたくない場面ですから、どうしてもストライクがほしい。ところが、みすみすストレートを投げると、バッターもかなりの確率でストレートを待っているので、リスクがグンと高くなりますね。

そこで変化球と読み、走者に合図を送るわけです。これがフォークを投げるピッチャーなら、ショートバウンドもありますし、仮に捕手が捕球しても投げにくい体勢なので、走らせない手はないでしょう。ただし、盗塁のゴーサインを出す前に、三塁コーチャーの動きをよく見ることが必要です。三塁コーチャーは、監督の出したサインを受け、それを走者に伝える役割。まずは監督の作戦が最優先ですから、なにも動きがないのを確認して、盗塁のサインを出すことになります。

僕は現役時代、合計三五二の盗塁を記録していますが、最初はまるで相手ピッチャーのクセがわからなかったですね。わからないときはわからない。当時三塁ベースコーチだった今津光男さんに、

「あのう、ピッチャーのクセをサードから見てもらって、教えてくれませんか」

とお願いすると、

「あほんだら、テメエで探さんかそのくらい……」

そういう時代でした。現在とは、えらい違いです。僕のコーチ時代は「このピッチャーはこうだから、こうすればスタートが切れるぞ」と答えていたでしょう。今津さんはもしかしたら、聞かれてもわからなかったので、突き放して威厳を保とうとしたのかもしれません。ただ、「テメエで探さんか」といわれたのはありがたいことでした。そのおかげで、僕は食い入るようにビデオを見て研究し、相手のクセを見抜く眼力が養えたと思いますから。それが、コーチ時代に役に立ったんです。

審判も味方につける制球力

豪快さ、スピード感、スリル……野球の魅力はさまざまありますが、バッテリーと打者の駆け引きもその一つです。ピッチャーはこれを投げたい、打者はこれを狙っている、その丁々発止の心理戦がおもしろいんです。たとえば……「一〇・一九」という、プロ野球史上に残る名勝負があります。一九八八年十月十九日、近鉄が残り二試合、ロッテとのダブルヘッダーに連勝すればドラマチックな逆転優勝、という設定でした。

引き分ければジ・エンド、規定により延長はなしという第一試合の九回も、二死二塁。あと一死で、近鉄の夢は終わってしまいます。打席に入ったのが、梨田昌孝さんでした。マウンドには牛島和彦。初球ボールのあとの二球目です。牛島は、

「ボールが先行したら、外へのスライダーでカウントを整えるのが俺のパターン。バッターはそれを読んでいても、引っかけて凡ゴロになるのがもったいなくて、なかなか手を出さないものだ。だけど相手はベテランの梨田さん。そんなことは重々承知だろう。スライダーを投げると、踏み込んで打ち返される」

と、二球目にシュートを選択します。狙い通り、梨田さんの打球は詰まってフラフラとセンター前へ。だけど振り切った分、セカンドやショートの頭を越え、ポトリと落ちました。これで近鉄が土壇場で一点を勝ち越し、ドラマは第二試合までもつれるわけです。

牛島の投球は、シュートで正解でした。梨田さんも、それは認めています。ですが、この年限りで引退を決め、おそらく現役最後の打席になるかもしれない梨田さんは、きたタマに素直にバットを出すことしか考えていなかった。裏をかいたつもりの牛島と、無心だった梨田さん。その紙一重の差が、明暗を分けたのでしょう。この「一〇・一九」は結局、第二試合が延長時間切れ引き分けとなり、近鉄はほんのわずかの差で優勝を逃しました。

選手たちは泣いていましたが、僕の郷里の先輩である仰木監督のさわやかな顔が印象的でしたね。やることはやった、という毅然とした満足感からでしょうか。

それにしても、野球のおもしろさを存分に知らしめた試合でしたね。それまでは「人気のセ、実力のパ」といわれたものです。観客動員もさびしいものでした。そんなパ・リーグに、「おっ、こんなにすばらしいドラマがあるのか」と認知させ、徐々に目を向けさせる一つのきっかけになった試合でしょう。

僕はパ・リーグ育ちなので、セ・リーグには対抗意識がありましたね。コンプレックス、といってもいいかもしれない。それこそ巨人などは〝オロナミン軍団〟でしょう。日本ハムは後楽園、のちには東京ドームという同じ本拠地でしたから、ガラガラのスタンドを見上げながら、「すげえなあ、巨人はここを満員にするのか。給料もいいはずだよなあ……」とため息をついたものです。ただ、いまでは、パもセに負けないくらい活気があります。二〇〇七年の観客動員数は、ジャイアンツの二九〇万に対しホークスは二三〇万とひけを取りませんし、宮崎の春季キャンプでは、むしろホークスのほうが観客が多いこともあります。ジャイアンツの選手が「ホークスばかりじゃなく、巨人のキャンプも見に来てください」とアピールするなんて、二十年前は考えられなかったことですね。ほかにも北海道の日本ハム、仙台の楽天、千葉のロッテと、パ・リーグには地域と密着して成功している球団がいくつもあります。

ただ、僕らの時代はあくまでも、「人気のセ、実力のパ」でした。ですから、オールスター戦では絶対に負けたくなかったですね。気のせいなんでしょうが、「人気のセ」の選手たちは、まるで僕たちを見下しているような雰囲気なんです。パの監督も決まって、「セントラルに負けるな!」と号令をかけていたものです。ただ、僕が初めて出た一九七九年のオールスターには、強烈な思い出がありますね。確か大阪球場でした。僕が三塁前にセーフティーバントをして、微妙なタイミングだったんですが、判定はセーフになったんですよ。そのとき、ファーストを守っていた王さんが、塁審にものすごく怒ったんです。

「いまのはアウトだろう。君がこんなところで演出してどうするんだ!」

オールスター戦ですよ。エキシビション、相撲でいえば本場所じゃなく、花相撲です。それなのに、執拗に抗議する。公式戦じゃなかろうが、アウトはアウト。勝利に対する、王さんの執念を見た思いでした。

審判も、けっこう試合を演出することがありますが、王さんだってけっこうお芝居が上手でした。ファーストを守っているときの王さんって、内野からの送球を受けたとき、ベースから足を離すのが早かったでしょう? 王さんの現役時代を見ている人なら、覚えているはずです。厳密にいえば、セーフです。捕る前に、足が離れているんですから。ただ、ファーストを守る側は、打者走者に足を踏まれるアクシデントを防ぎたい。ですから、誰が見てもアウトのタイミングで、送球もピシッときていれば、多少足の離れるのが早くてもヤボはいわず、アウトと認定するわけです。

ただ、ときどき、アウトかセーフかきわどいタイミングで、それをやるんです。送球がミットに収まる寸前に、ベースから足を離す。捕球前に足を離すわけですが、これを巧妙にやると審判は、ベースから足が離れた時点で捕球している、と錯覚しがちなんですね。一瞬の差とはいっても、きわどいプレーでのコンマ一秒は大きいですよ。物理的にはセーフなのに、アウトといわせることも可能なんです。現役でも、このプレーがうまい選手はいますよ。テレビ中継で、スロービデオが流れるときなどはよく観察してみてください。

ただ、こういう〝小技〟をあまり露骨にやると、審判を敵に回しかねません。コイツ、俺の目を欺こうとしやがって……というわけです。審判を敵に回すと、怖いですよ。逆に、味方につけたらしめたものです。

たとえば、東尾修さん。バットの届かない、ギリギリの外角にスライダーを投げます。実際は、ボール。ただ、それを承知で、「ボール」といわれると首をかしげ、キャッチャーにも「入っているなあ……」などとつぶやかせます。そうすると審判も人の子、自分の判定に確信が持てなくなり、次に同じコースに投げたとき、「ストライク」といってくれたりするんですよ。実際にはバットの届かないようなコースなのに……。あるいは、ギリギリのコースに投げて「ストライク」といわれたら、次はそこからボール半個くらい外してみる。ボールでもともと、ですがこれも「ストライク」といってくれたら、もうけものです。

東尾さんはそもそも、ボール自体は速くありません。コースの出し入れで勝負し、二五一勝も稼いだピッチャーです。つまり、コントロールには抜群のものを持っていた。東尾は、コントロールがいい――この先入観は、大きいですよ。そのつもりはなくても、審判もその先入観に支配される。きわどいボールでも、長嶋さんや王さんが自信を持って見逃したら判定はボール、というのが〝長嶋ボール〟〝王ボール〟ですが、東尾さんの場合なら〝東尾ストライク〟とでもいうべきものがあったんです。

こういってもいいでしょう。まるっきり同じコースに投げても、コントロールがいいピッチャーと、荒れダマのピッチャーでは、判定が異なることがありうる――。名前を出したら悪いかもしれませんが、二〇〇七年、二十五暴投というプロ野球記録を残した新垣渚と、九イニングあたりの平均与四死球が二個以下の成瀬善久とでは、先入観が違います。気の毒なことに、新垣がすばらしいコースに投げたとしても、審判はなかなかストライクといってくれないんですよ。

勝敗は、監督の采配で決まる

ちょっと話がそれました。「一〇・一九」の梨田さんと牛島の対戦は、駆け引きの奥深さを感じさせる一つの例です。バッターは、過去の対戦で蓄積したデータを思い出し、さらに今日のベストボールはなにか、ストライクはなにが多いか、勝負ダマは、前の打席は……と、さまざまな情報が頭を駆けめぐる。ピッチャーはまた、打者の得意と苦手を計算し、なにで打ち取るかを組み立て、そこから逆算して一球目を入る。一球目はほとんど振ってこない打者なら、真っ直ぐをドーンと真ん中でもいいですが、さすがに怖いので、変化球でストライクを取っておく。安全にワンストライクが取れれば、それだけでだいぶ有利になりますね。

また、初球からストレートを狙う傾向の強い打者に対しては、好きなコースからボール一つ分内外に外せば、思わず手が出るものです。そして、一個分はずれたボールというのは、なかなかフェアゾーンに飛んでくれない。そもそもストライクは、「グッド・ボール・フォア・ストライク」、つまり打つのに適しているからストライクで、逆にボールというのは打つのが困難というわけ。つまり、きわどいボールを投げれば、比較的低リスクでストライクが取れるわけです。

バッターとしては、二ストライクまでなにを待つかが一つの勝負です。速球主体の投手なら、ほぼストレートに絞る。ファーストストライクがストレートなら、フルスイング。もし変化球がきたらごめんなさいで、その場合は見逃すか、バットが止まらないのなら、なまじ当てにいかずに、空振りするのが一流です。崩れたフォームで打つよりは、一ストライクをとられても次で勝負したほうが得策だからです。もちろん、追い込まれた場合のために、カットする技術は必要ですよ。ただ、あと二球あるのですから、無理に当てるのは収支が合わないでしょう。

テレビで観戦する場合は、そういうところまで見てください。打者が一球目のカーブを見逃し、一－〇となったとき、バッテリーはなにを投げるのか。カーブを続けたら振ってくると計算し、真っ直ぐのインサイド？　あるいは、ボールにして一－一にするのか？　その駆け引きを見るのが、おもしろいんです。

また、ピッチャーの立場から「遊ぶ」という表現をしますね。疑問に思いませんか。二－〇なら、次のタマで勝負をつけたほうが簡単じゃないか。体力と時間のムダじゃないのか――。「遊ぶ」というのは、僕はあまり好きな言葉じゃないですが、つまりは打者を追い込み、ストライクからボールになる球を投げる余裕がある、と解釈すればいい。逆にいうと、この一球はきわどいタマで勝負できますね、ということです。二－一から厳しいコースに投げ、見送られてもまだ二－二。そこからが、あらためて駆け引きです。

ただ、おもしろいもので、ボールカウント二－二と二－三では、二－三のほうがバッター有利と思うでしょう。ピッチャーは、ボールを投げられないわけですから。ところがまんざら、そうでもない。打者は二－二のとき、まだストレートと変化球のどちらかに意識を置くものです。そして、変化球ならカットするし、ボールなら見極める。それが不思議なことに、どのボールで二－三になったかにもよりますが、二－三だと多少ストライクゾーンを広くとるようになるんですよ。ですから案外、ちょっとくさいタマにも手を出してしまう。老練なキャッチャーなら、その心理を利用するものです。

まあしかし、リードというのは結果オーライです。ど真ん中の棒ダマでも、抑えれば正解。一つの局面で見れば、相手を研究してもしなくても、結果に目立った差は出ないかもしれません。そもそも、いかにプロのピッチャーとはいえ、要求したコースに百発百中で投げられるわけじゃないんですから。また、相手の苦手をついたつもりでも、相手がそこを待っていれば痛打を浴びることもあるでしょう。データがすべて、というわけではないんですね。ただ、これがペナントレースという長期になり、サンプル数が増えてくると、やはり各選手の傾向や特性が見えてくる。そうなると、やはりデータを研究し、解析したほうが勝つ確率が高くなる。それが、ＩＤ野球ということです。

そのへん、本家だけあって、楽天の野村監督はすごいと思いますね。二〇〇七年、パ・リーグのクライマックス・シリーズの中継で「野村スコープ」が久々に復活しましたが、やはりおもしろい。たとえば、「この打者の構えだったら、インハイは弱いんですよね」というと、本当にインハイがポップフライになる。ただ、インハイに余裕を持って投げられるカウントになるかどうかです。追い込んでいればいいですが、ボールが先行したときに投げられるかどうか。ストライクがほしくてちょっと低くなると、ふところを作ってバットが出ますから、危険なゾーンなんです。バッターの得意と苦手は隣り合わせといいますが、本当なんですよ。

また、野村さんがエンドランを仕掛けるのは、ほとんどといっていいほど相手がストレートを投げてくると想定したときです。まれに、相手が変化球などを投げてくると、野村さんは「このバッテリーはおかしい」というくらい、的中します。となると、打者は安心してストレートに絞りますからバットに当てやすいし、ヒットゾーンにも飛ぶでしょう。変化球だったら見送ればいい。走者は全力でスタートを切らせていますから、五分五分以上の確率で盗塁が成功するでしょう。つまり、ストレートが予測されるときのエンドランは、ローリスク・ハイリターンなんですね。むろん、単独スチールなら変化球が想定されるときです。

最終的に順位を決めるのは、僕は監督の手腕だと思いますね。二〇〇七年は、ホークスが十勝十四敗と、楽天に負け越しました。戦力から見たら、ピッチャーも打線も、技術も選手層も、ホークスがはるかに上なんですよ。ですがこの数字。すべてのデータが頭に入っている野村監督のほうが、一枚上手なんだと思います。王さんもすばらしい監督ですが、必要以上に意識しすぎていたかもしれません。

野村さんの采配は、魅力がありますね。なにしろ、楽天はイヤらしい野球をしますもん。私が解説をしているとき、「ここはちょっと、ピッチャーが淡泊になっていますね。ランナーに対する警戒が不十分です」といった次の瞬間に、すかさずダブルスチールを仕掛けてきたこともありました。

力が上位のほうが常に勝つとは限らないのが、野球のおもしろさですよ。二〇〇七年、パ・リーグを制した日本ハムだって、チーム打率は最低で得失点差は二十もなく、防御率が若干いいくらい。数字だけ見れば、優勝チームのものじゃなかったですよね。お金にものをいわせて各チームの四番、エースをかき集めたチームが勝つとも限らない。そういう名門チームに対しては、他球団の選手も思っているはずです。

「ドライバーばかり持ってどうするんだよ。サンドウェッジもパターもいるだろうに……」

豪快にホームランの連発で勝つのは、お客さんにとってはおもしろいかもしれません。しかしそれでは、采配も駆け引きも、選手起用の妙もありません。野球の醍醐味は、もっと別のところにある気がしますね。

常識を疑え

野球中継を解説していておもしろくないのは、ありきたりの野球です。ランナーが出ると、早い回から、決まったようにバントをするチームがあります。回が押し詰まり、一点を争うのなら別ですが、わざわざアウトを一つあげて二塁に進めるような野球は、ちょっと芸がないですよね。

たとえば、足の速い走者が出たとします。次の打者はバントの構えからバットを引いたり、一塁走者がスタートを切るマネをしたりすれば、バッテリーにとっては大きなストレスです。あるいは、エンドランを警戒して外してくれたら、ボール一球もうかりますね。そしてワンボールになったら、バスターエンドランでもいい。変化球なら見送ることにすれば、盗塁が決まって無死二塁もありえます。いずれにしても、主導権を握っているのは攻撃側。それを、むざむざバントでアウトをあげる必要はないでしょう。お客さんも、そんな野球を見に来ているわけじゃありませんよ。

また、解説者ももっと勉強すべきですね。なんとかのひとつ覚えみたいに「気合いですよ」「走り込みが足りない」などという解説は、もう聞きたくないでしょう。ピッチャーが打たれれば「気持ちが入っていない」、打ち取れば「気持ちが入っていた」。同じコースでも、気持ちが入っているかどうかで結果が違うなんて非科学的なこと、ありえませんよ。ピッチャーもバッターも、同じように気持ちが入って対決したらどうなるんでしょうね。そもそも、必死にやっている選手に対して、結果論で「気持ちが入っていない」などというのは失礼な話です。そういう解説者は、自分の現役時代、気を抜いたタマを打たれた経験でもあるんでしょう。

ときには、常識を疑ってみることも必要です。よくいわれるのが「左対左は打者が不利」ということですが、僕自身は左ピッチャーは好きでしたね。右ピッチャーのボールは、左打者に対してクロスに入ってきます。ことにインサイドは、体を開かないと打ちにくいものです。ところが、左ピッチャーのボールは、アウトサイドなら踏み込んで打てますし、インサイドでも角度がない分、右肩が開かないですむんです。すると、フェアゾーンに打ち返しやすい。

ただ、はっきりしたことはわかりませんが、持って生まれた左利きと、右投げ左打ちとでは多少違うような気がします。利き目や利き足とも関係があるのでしょう。ほかにも、「右打者はアンダースローが苦手」などといわれますが、そこは監督の目利きですね。左ピッチャーが出てきたから、無条件に左打者を代えるのではなく、固定観念にとらわれない目が必要だと思いますね。

僕が十年間コーチをやってきていえるのは、常にワンランクアップを目ざす人間が強いということです。二軍の選手は一軍に上がること、一軍に上がったらレギュラーになること、レギュラーになったら超一流になること。現状に満足せず、常に向上を志し、そのためにはなにが必要か、貪欲に吸収する人間が一流になるんです。大道、井口、柴原、川崎……彼らは、これだけは人に負けない、というものを見つけて、その特長を伸ばしていきました。選手に教えることは、とにかく自分自身に負けるな、そして「これだけ身につけたら大丈夫」というものを早く見つけなさい、ということ。いわゆる〝気づき〟です。

寺原隼人というピッチャーが、ホークスに二〇〇六年まで在籍していました。日南学園高校時代、甲子園で史上最高といわれる一五七キロをマークした速球投手です。ピッチャーは僕の専門外ですが、本人、それでちょっと勘違いしたんじゃないでしょうか。プロ入り当時は「一五〇キロはいつでも出せます。松坂（大輔）さんと、剛球対決したい」など

コーチ時代，繰り返し選手にいい続けたのは，「自分に負けるな」ということ，そして「これだけは人に負けない」というものを早く見つけること

と語り、登板したときはスピードばかりを意識して、スコアボードの表示を一球一球振り返っていました。

これは球場によっても違うんですが、最近のスピードガンの設定は、ちょっと高すぎますね。まあ、ファンはスピードにロマンを感じ、それが話題にもなります。実際、「今日は観客が多いから、高めに設定してわかせようか」などと球場関係者が手を加えることがあるとか、ないとか。ところが、一度高い数字を出してしまうと、あとには引けなくなります。いまでは、一五〇キロという数字に誰も驚きませんが、かつては一五〇キロの壁は分厚かったものです。

寺原はいわば、その被害者でした。本来はスライダーとチェンジアップがよく、ストレートで三振を取るピッチャーじゃないのに、一五七キロという数字だけで、速球派であることを期待されてしまいました。一、二年目はそれでも、そこそこの成績をあげましたが、以降はケガなどもあり伸び悩みます。そのころには、こんなふうにいっていたものです。

「高校時代の一五七キロなんて、きっとスピードガンが壊れていましたよ。僕は絶対、投げられない。せいぜい一四七くらいが最高です」

これが、気づきの兆候だったんでしょうね。ストレートは見せダマで、変化球で勝負という自分のスタイルを、徐々に取り戻していきました。横浜に移籍した寺原は二〇〇七年、自己最多の十二勝という勝ち星をあげ、奪三振や防御率も自己最高の記録を残すことになります。

日本の野球は、捨てたものじゃない

いま、野球人気が低迷しているなどといわれますね。その理由の一つに、スター選手がどんどんメジャーリーグに流出することがあげられます。二〇〇八年のシーズンは、二十人近い日本人選手がメジャーでプレーすることになっています。

野球少年たちの夢は、かつてなら「プロ野球選手」だったのが、いまでは「メジャーリーガー」。かつてなら、考えられないことです。なにしろ、一九六〇年代の村上雅則さんは別として、一九九五年に野茂英雄がブレイクするまで、日本人メジャーは一人もいなかったんですから。

なぜ、ここまで日本人選手が増えてきたのか。理由の一つとして、アメリカと日本の力の差がなくなったことがあげられるでしょう。いや、確かにパワーはアメリカが断然上。ただし日本選手は、パワーで劣る部分を細かいテクニックやシュアな動き、あるいは抜け目のなさなどで補っています。イチローの技術などが、その代表ですね。だからこそ二〇〇六年のワールド・ベースボール・クラシック（WBC）で世界一になれたんです。また、力の差がなくなった要因は、アメリカ球界の人材不足にもある。球団の増加や、ほかのプロスポーツへの流出により、相対的にレベルが頭打ちになっているんです。

また、野球の質の差もあります。巨人ではなかなか芽の出なかった岡島秀樹（レッドソックス）が、なぜあれだけ活躍できたんでしょう。岡島はもともと、タテのカーブが持ち味でした。ところが日本は、相手の投球をまずじっくり見極める野球です。タテのカーブが見逃されてボールになり、カウントが苦しくなったところでストレートを狙われると、ひとたまりもありません。それを避けるために変化球を投げても、また見極められてフォアボール、というのが岡島の自滅パターンでした。ところが、メジャーリーグは、初球からでも積極的に振ってくる野球です。少々はずれていてもお構いなし、仮に空振りしても、三ストライクのうち一本前に飛べばいいだろう、というスタイルです。するとストライクが先行し、岡島本来の持ち味が生きてくるわけです。そこへ、新しく覚えたチェンジアップや、打者から目を離す独特なフォームの効果もあって、貴重な中継ぎ役を果たしたわけです。

日本ではパッとしなくても、アメリカで才能が開花する。だから魅力的——ともいえるんですが、最近の「われもわれも」というメジャー熱、僕はどうも釈然としませんね。たとえば野茂のように、近鉄に残れば一億以上の年俸が約束されていても、自分の腕一本を頼りに、世界最高の舞台を志すのはいいですよ。ヘタをしたら、年俸が一千万円以下になることを承知で挑戦したんですから。ところが最近は、FA権を獲得したのをいいことに、それをマネーゲームの材料にするでしょう。よく見ていると、年俸ダウンは免れないような成績だった選手が、メジャー移籍をにおわせる例もあって、ちょっと品がないですね。

もちろん本人には、悪意はありません。だけど、代理人と称する人たちが、なにかと知恵をつけるんでしょうね。代理人の報酬は、歩合制です。だから選手の意思よりも、〝商品〟を少しでも高く売り込み、その恩恵にあずかろうと必死になる。いまメジャーリーグは、めっぽう好景気です。いい選手を獲得できるとなるとお金に糸目はつけませんから、そんなにもらってどうするの、というくらい破格の契約が実現するんですね。

またマスコミも、そういう札束攻勢になぜか大はしゃぎする……。プロ野球とマスコミは、切っても切れない仲です。そもそも日本のプロ野球は、読売新聞社がチームを持ったところから始まっていますし、戦後爆発的な人気を博したのも、マスコミの力があってこそでしょう。ただし、巨人戦の視聴率が落ちている、ナイター中継が減っているというだけで「野球人気の低迷」などというのはどうでしょうか。北から日本ハム、楽天、ロッテ、阪神、ソフトバンク……いずれも観客動員は右肩上がりで、中継する地方局の視聴率も好調だといいます。だいたい、シーズン終盤の白熱した優勝争いは放送せずにいて、視聴率が低迷……などというのは、おかしな話でしょう。

もちろん、メジャーに挑戦するのも、巨額の報酬を手にするのも個人の自由です。ただ、一生遊んで暮らせるようなお金を手にするのなら、もっとリスクがあってもいいと思います。たとえば、メジャー契約と同じ年数だけ、日本ではプレーできないようにする、とかね。仮に成績があがらなければ、日本に帰ればいい……という甘い気持ちで戻ってこられてはたまりません。そして日本のチームも、たとえやせ我慢でもそうした選手に色目を使わない。だって、一度はほかの異性になびいたようなものですから、よりを戻そうというのはムシのいい話じゃないですか。

メジャーもいいけど、やはり日本の野球ですよ。テレビ中継がなければ、球場に足を運べばいい。プレーの迫力、音、におい……球場でしか味わえない興奮が、きっとそこにあるはずです。

チャボのはちゃめちゃ交友録

みのもんたさんのプロの技

「島田誠……えっ、島田誠？　彼とは飲み友達で……まだコーチやってたんだ？」

二〇〇六年のことです。テレビ番組「みのもんたの朝ズバッ！」で、王監督率いるWBC日本代表の特集をしたとき、留守を預かるホークスコーチ陣の話題になり、みのもんたさんが生放送で僕の名前を出したそうです。その日は、携帯電話が鳴りっぱなしでしたね。

「お前、みのさんと飲み友達なの？」

「うん、まあ友達といえば友達……かな」

「なにもいってくれなかったじゃん」

といわれても、別にこちらから公言するようなことじゃありません。ただ、みのさんが「友達」といってくれたのはうれしかったですね。

みのさんと知り合ったのは、いつごろでしょうか。たぶんフジテレビで「プロ野球珍プレー・好プレー大賞」のナレーターをやっていた時代ですから、一九八〇年代前半ですね。

いまでこそ、「一週間でもっとも長時間、テレビの生番組に出演する司会者」としてギネスに認定され、視聴率男として人気絶頂のみのさんですが、さほど売れない時期もあったんです。聞くところによると、文化放送の深夜放送「セイ！　ヤング」の初代ＤＪだったみのさんですが、社内の人事異動に嫌気がさし、一九七九年に退社したそうです。

その後、「プロ野球ニュース」の週末版でアドリブのナレーションを入れたところ、これが受けて、「珍プレー・好プレー」でも独特のコミカルな話しぶりは評価されていました。ただし、いまとは比べものになりません。フリーのアナウンサーとして、どうにか食べていける、という時期だったでしょう。そんなある日、銀座のお店で顔を合わせたんですよ。

僕が銀座に繰り出すようになったのは、一九八一年、日本ハムが優勝したころからです。若いうちはまだ身分不相応、敷居が高い気がして、なかなか足を踏み入れなかったんですが、さすがは銀座でした。格式が違います。お客さんがみんな、オトナの飲み方をしているし、女性と話していても知性を感じる。こんな世界があるのか、と思ったものです。

僕は、スポーツ選手だからアルコールはダメ、なんてヤボはいいません。ずっと野球づけ、なんてストイックな生活よりも、遊ぶところは遊んでこそ、勝負になって集中できるという考えです。

自然、プロ野球選手以外の飲み友達も増え、そういう仲間のたまり場になれば……と、自分で店を出したこともあります。作曲家の平尾昌晃先生に「(店を) 出したら?」と乗せられ、六本木に「チャボ亭」というパブレストランを出したんですよ。いろんな方が来てくださいましたが、半年でつぶれましたね。やっぱり、飲食店に限らず、スポーツ選手が二兎を追うとダメですね。あれもこれもと本業以外のことが気にかかり、野球に没頭できなくなってしまう。自分はそんなことはない、と思っても、いざやってみるとダメなんです。ですからプロ球界には「家を建てた年、店を出した年は成績が悪い」というジンクスがあるほどです。実際、二〇〇七年に自分の店をオープンしたホークスのある選手も、成績はさんざんでした。やはり副業は、現役を引退してから始めるべきでしょう。お相撲さんでも、現役時代からちゃんこ店を始める人はいませんよね。

話はそれましたが、僕が足を運んだ銀座のお店に、たまたまみのさんもきていた。テレビ番組などで顔は合わせていましたから、「あらー、なに島ちゃん、こっちでいっしょに飲もうよ」となって、付き合いが始まったんです。失礼ですが当時のみのさんは、さほど売れていない時期。それなのに、毎晩のようにその店に入りびたり、ヘネシーを飲んでいるのが不思議議でした。聞くところによると、お店のオーナーと同級生だったそうですね。

さすがだな、と思ったのはその時期、十二球団ゴルフコンペという企画で、みのさんが

板橋区主催の講演会で司会をしてくれたみのさん。無理なお願いを快く引き受けてくれました

司会をやったとき。僕と塩谷育代プロがゲストだったんですが、みのさんは台本もなにも無視して、すべて全部アドリブで話すんです。それでいて進行はすべて時間通り、出演者の受けもいい。プロというのはすごいものだな、と思ったものです。

そのころ僕は板橋に住んでいて、地域からのお願いで講演会をやることになったんです。そこで司会を探しているらしく、「ああ、なんならみのもんたさんに聞いてみましょうか」と、図々しくも連絡を取ってみました。するとみのさん、

「いいよ」

「なにぶん予算がなくて、謝礼は少ないんやけど、いいですか」

「いいよいいよ」

ほんのスズメの涙のようなギャラで、気持ちよく引き受けてくれたんです。で、その進行打ち合わせでのことでした。「これこれこういう進行で、この原稿のようにしゃべってください」と主催者。そこでみのさん、「いらない」。それを聞いていた僕は内心、ああ、やっぱりな……と思ったものです。なにしろ、十二球団ゴルフコンペという番組の司会だって、台本なしでやってのける人ですから。

「原稿があると、むしろ、しゃべれません。その場の反応しだいでやりますので、まかせてください」

本番が大受けだったのはいうまでもありません。いま、世界一忙しい司会者になったみのさんですが、仕事のオファーがあると、なんとかやりくりしてできるだけ引き受けるそうです。長い下積み時代があるから、仕事を断るということができないんでしょう。僕は一九九一年に福岡にきましたし、みのさんはご存じのように超多忙。なかなか会うチャンスはありませんが、ぜひ、以前のように飲みましょうね、みのさん！

プロ野球の猛者たち

日本ハムは一九八一年に優勝するんですが、それはこの年に広島から移籍してきた江夏豊さんの存在が大きかったですね。一九七九年、日本シリーズでの「江夏の二十一球」が有名ですが、リリーフ投手として実績を積み上げ、一九八一年にも二十五セーブで三年連続セーブ王になりました。

センターの守備位置から見ていても、江夏さんのピッチングはすばらしかったですね。とくに、ピッチャーの生命線といわれる外角低めへのコントロールは神業でした。スピードこそ一四二、三キロ程度でしたが、針の穴を通すような投球には「このタマは打てんだろう。味方でよかった」と思ったほどです。江夏さんは不整脈があり、激しいランニングはできないんですよ。せいぜいジョギング程度で、試合の日も出番が来るまでは、マッサージ室で体をほぐすだけです。ときには、いびきをかいていることもあったそうです。それが、いざマウンドに上がると、ちょっと突き出たお腹で、目の覚めるようなピッチングをするんです。

ふてぶてしそうに見える江夏さんですが、しゃべるとけっこうかわいらしいところがあるんです。僕はいつも笑わせていたので「おもしろい奴やな、お前は」などといわれ、かわいがってもらいました。江夏さん自身はまったくお酒を飲まないんですが、よく飲みに連れていってもらったりもしました。ただねえ……プロ野球といっても人間の集団で、気の合う人間、利害の一致した人間がつるみがちでしょう。あるいは大学が同じ、出身が同じとか。僕はそういうのが嫌いで、どんな人とも話をしますし、誘われればいっしょに食事もした。そのなかに、たまたま江夏さんと反目し合っている方がいたんです。

江夏さんからは「お前、最近はアイツと仲がいいのか」といわれ、相手側からは「江夏なんかとつるんじゃダメだ」といわれ、板挟みになりました。サラリーマンじゃないんだから、どの派閥に属するかなんかで悩みたくはないんですが、一匹狼を気取るのも敬遠されるんですよね。あれには参りました。

変わった方もいました。僕が入団した一九七七年、広島から移ってきた佐伯和司さんが、その極めつけですね。名門・広陵高校からドラフト一位で広島入りし、広島が球団史上初めての優勝を飾った一九七五年には十五勝したピッチャーです。その佐伯さん、春季キャンプで、ルーキーの僕にこんこんと説教をするんです。

「島田のう、プロ野球は妥協が一番いかんのぞ。じゃけのう、意地でもやり通すんじゃ。とくにきついとき、みんな休むじゃろう。あれがイカンのじゃ。とにかくやり通すことが条件じゃ」

ドスの利いた広島弁のありがたいアドバイスに、僕は「ふんふん」とうなずいたものです。ところがその佐伯さん、まだキャンプも序盤のことです。「佐伯、どうした、走れ走れ」とコーチに尻をたたかれています。「あーダメ、もう走れません」と、早々にリタイアしたんです。まず自分がいの一番に妥協してしまったんですよ。ほかにも、遠征のバスのなかで佐伯さんがいない、と大騒ぎになったら、網棚に横になって寝ていたり、マウンドでいきなりロージンを顔にぬってみたり。かと思うと、「肩が痛いから」といって、肩にグルグルとテーピングを巻いたまま投げたり、とにかく変わった人でした。

それでも、一九七八年は開幕投手を務め、二年連続二ケタ勝利をあげるのですから、ピッチャーとしての力は持っていました。一九八一年に広島に復帰し、その年で現役を引退。スカウトや二軍コーチを務めていましたが、二〇〇七年、岡山に新しく設置された環太平洋大学の野球部監督になったそうです。そういえば、やはりルーキー時代にかわいがってくれた三浦政基さんというピッチャーも、いまは九州総合スポーツカレッジという専門学校で野球を教えるかたわら、学校長をしているそうです。

後輩で仲がよかったのは、一九八四年に江夏さんとのトレードで西武からやってきた柴田保光です。なにしろ丹羽鉦電機−あけぼの通商時代から苦労してきた仲間。僕が丹羽鉦でキャプテンだったとき、長崎・島原農業高校から入社してきたのですから、半年もたたないうちに野球部がつぶれたわけです。その後はあけぼの通商で、軽トラを転がしながら味噌だの醬油だのを売り、プロ入りを目ざしていた。そういう下積みを経て一九七九年に西武に入団しましたが、制球難からなかなか結果が出せずにいました。

なにしろ、人にいえないような苦労をしてきた仲ですから、柴田が日本ハムにきてからは、なにをするにも一緒だった。自主トレから始まりキャンプ中、シーズン中の食事、オフには家族ぐるみの付き合い。ですから彼が一九八五、八六年と二ケタ勝利をあげたときは、自分のことのようにうれしかったですね。初めて出会った日から、十年近くたっていました。柴田は一九八七年、血行障害から右ヒジの大手術を受け、サイドスローに転向しますが、一九九〇年にはノーヒット・ノーランも達成しています。いまでも付き合いがありますが、ホント、いい男ですよ。

柴田のような苦労人もいるかと思えば、ぶっ飛んだルーキーもいました。沖縄キャンプのある日、柴田とそのルーキーと三人でステーキハウスに行きました。「たっぷり食べろよ」。そして、さあお勘定……というところで、「今日は、誘っていただいてありがとうございました」と、そのルーキーが支払おうとしたんです。食事に誘った先輩が新人に払わせる世界が、どこにありますか。まして、プロ野球です。長年そこでメシを食ってきた人間と新人とでは、悪いけど収入に月とスッポンの差があります。後輩は先輩に遠慮なくごちそうになり、自分が出世したら今度は後輩にごちそうする、という順番が不文律。まあ〝長幼の序〟ですね。

「いいか、先輩には素直にごちそうになっておけばいいんだよ。俺らも、ごちそうになってきたんだ」……とそいつの財布を見たら、何枚ものクレジットカードでパンパンになっているんですよ。しかも、ゴールドだらけです。

「なんだよそれ、お前」

「これですか。オヤジのカードです。使った分は、オヤジが全部払ってくれるんです」

「なにい？　大学のときからそうなのか」

「はい」

どうも、いいとこの息子だったらしいですね。開いた口がふさがりませんでした。プロ野球選手になってまでも、親のすねをかじるつもりでいたんです。そんな苦労知らずの人間が、プロという弱肉強食の世界に入ったら、ひとたまりもありません。

「そんなカードは、全部オヤジに返してしまえ。自分で成り上がって、自分でカードを作って、自分の金を思う存分使えばいい」

そのカードは俺に使わせろ……といいたい気分をグッとこらえたのは、いうまでもありません。

どこか憎めなかったのが、西崎幸広です。一九八七年に入団し、僕との初対面の第一声が「島田さん、プロ野球は女にもてますか？」ですからね。そりゃあ、あの甘いマスクと抜群のスタイルです。そろいもそろってゴルフウェアーだった一昔前と違い、ファッションもあか抜けています。大学時代から、さぞ女性を泣かせてきたことでしょう。ただ、ここでつけあがらせてもいけません。

「もてるかもてないかは、お前次第だろう。いくらマスクがよくても、活躍しないとダメだよ」

そうしたら、一年目からの十五勝でしょう。近鉄に同期で入団した阿波野秀幸とともに「トレンディーエース」などといわれ、ファッション雑誌の表紙も飾り、振り払うくらいの女性にまとわりつかれたものです。正直な話、プロ野球界には女性問題でつぶれる人もめずらしくないんですが、西崎は一年目を皮切りに、五年連続二ケタ勝利をあげました。大したものです。

ストーカーからの脱出

女性の話が出たついでに……僕が結婚したのは、二年目のオフのことでした。女房は中学の同級生で、逸子といいます。一九七九年に長男（武宜）が生まれ、次男（誠二）が生まれたのは一九八一年の九月二十三日です。ちょうどチームが、パ・リーグの後期優勝を決めた日だったんですよ。当時は、携帯電話などありません。優勝して街に繰り出し、ドンチャン騒ぎをして家に帰ったら、「生まれた」ということでした。一九八九年に生まれた長女の朋美は、現在プロゴルファーを目ざして猛練習中です。高校入学から始めたのですが、いっしょにラウンドすると、もう分が悪いですね。

ここからはちょっと書きにくいんですが……まだ独身時代に、いままでいうストーカーにつきまとわれたことがあるんです。高校時代の恩師から、「島田のファンという女性がいるんだ」と紹介されてお会いし、最初のうちは応援してくれていたんですが、それがだんだんエスカレートしてきた。遠征先のホテルを調べて追いかけてくるわ、ある晩などはナイターが終わって川崎の部屋に帰ると、灯りがついていた。あれ、消し忘れて出かけたかな……と不審に思ってドアを開けようとすると、カギがかかっていません。なんとその女性が、入り込んでいたんです。泡を食って、なにしてんだよ、と問い詰めると、フィアンセと偽って大家さんからカギを借りて入ったといいます。

「冗談じゃないよ、出ていってくれ」

と追い返したのですが、どうにも気味が悪くなって、新宿にあった森本さんという知人の家に逃げ出しました。森本さんともまた、不思議な出会いで。知り合いを通じて、まず奥さんを紹介されました。話していると、

「ウチの旦那、歌手なんよ」

といいます。

「へえー、歌手ですか。どんな歌を?」

「あんまり売れんかったけど、『わたし祈ってます』という歌」

「聴いたことあるなあ……えっ、敏いとうとハッピー&ブルーのですか? 大ヒット曲じゃないですか」

歌謡グループ・敏いとうとハッピー&ブルーの「わたし祈ってます」は、一九七〇年代、一五〇万枚も売り上げた曲です。そんなわけで僕は、リードボーカルの森本英世さんとお知り合いになりました(森本さんはハッピー&ブルー以前には、アニメ「タイガーマスク」の主題歌なども歌っていました)。その森本さんが、夫婦そろってまたすごくいい人

「敏いとうとハッピー＆ブルー」のメインボーカリストとして活躍した森本英世さん。いろいろとお世話になりました

なんです。夜遅く訪ねていったのに、

「どうしたの？」

「実は……お恥ずかしい話ですが、これこれこういうわけで」

「じゃあ、泊まっていけばいいよ」

という成り行きで、僕の居候生活が始まりました。後楽園での試合なら、三時前に球場に着けば十分です。ストーカーの不安から解放されてぐっすり眠り、朝食兼昼食をごちそうになって、試合が終わったら「これから帰ります」と電話を入れる。着る物もパジャマも森本さんから借り、遠征に出かけるときは「一週間です。帰りは何日」といい残して、まるで家族みたいな生活でした。

どうしても部屋に帰る必要があるとき

は、ストーカーを警戒しながらこっそり帰り、用事だけすませてそそくさとまた新宿に戻る。自分の部屋なのに、いったいなにをやっているんだろうなあ……と不思議な気分でした。当時、森本さんの奥さんは妊娠六、七カ月という時期でしたが、「予定日はもうすぐだけど、気にしなくてもいいよ」といっていただき、その言葉に甘えていたんですが、男の子が生まれてからはさすがに図々しい。数えてみると、居候の期間は二カ月半にもなっていました。

おそるおそる部屋に戻ると、さすがにストーカーもあきらめていたようです。僕はこのオフに女房と結婚しますが、森本さんの家に避難できず、ずっとストーカーにつきまとわれたらどうなっていたか……。ですから、森本さんには感謝、感謝です。

やっぱり天才・たけしさん

おそらく、一九八〇年代前半だと思います。六本木のある店で、ビートたけしさんと偶然出会ったことがありました。たけしさんといえばそのころ、漫才ブームの主役として一世を風靡し、ブームが去ったあとも、ありあまる才能で芸能界に革命を起こしていた人。毎日のようにテレビで見ますから、僕も当然、顔は知っていました。

「ああ、たけしさんですね。どうしたんですか?」

たけしさんといえば、筋金入りの野球好きで知られています。高校時代は軟式野球部に所属し、バイク事故でケガをする前は年間何十試合も草野球をやっていたツワモノ。そのころ僕は、どうにか打率ベストテンの常連になっていましたから、野球通なら顔ぐらいは見知っていたでしょう。

「おっ、日本ハムの島田誠さんですね。いやあ、半ズボンだから、入れてくれないっていうんだよね」

そろそろ、バブルが始まっていたころです。ドレスコードなどという、ふざけたことをいい出す気取った店が増えていました。見るとたけしさんは、カンサイの派手な七分のズボンをはいています。それがドレスコードに引っかかるらしい。僕はもともと、遠賀川の〝川筋者〟です。頭ごなしに、小うるさい規則などを押しつけられると、腹の立つ性分です。

「そんなのはおかしいじゃないですか。じゃあたけしさん、僕のズボンと取り換えましょう」

とズボンを履き替えて、店の黒服と談判しました。

「なんでズボン程度で断るんだ。客は神様じゃないのか」

といいくるめて、首尾よく店に入ることができました。芸能人御用達の店です。中に入ると、モデルみたいにきれいな女性がたくさんいて、たけしさんを取り巻いています。

「いやあ島田さん、ありがとう。女性はたくさんいますから、好きなのを持っていってください」

それが芸能界特有の冗談なのかどうか、しきたりを知らない僕はしどろもどろです。

「そんなこと、できませんよ。それより、ゆっくり飲みましょうよ」

と、楽しい夜を過ごしたわけです。ところが翌日、当時人気絶頂だったラジオ番組「ビートたけしのオールナイトニッポン」で、あることないこと、おもしろおかしく話すんですよ。

「いやあ、きのう六本木で日本ハムの島田誠さんと会いましてね。アイツは顔に似合わない女好きで、女性をこんなにはべらせて……」

と。本当は、女性連れだったのはたけしさんですが、僕ごときを話題にしてくれただけでうれしかったですね。それがたけしさんとの出会いでした。

それ以後、どこを気に入ってくれたのか、たけし軍団を全員引き連れて、よく後楽園に応援にきてくれました。いまは東国原英夫知事のそのまんま東、ガダルカナル・タカ、ラッシャー板前……ダグアウトの上に陣取り、踊りながら、「かっとばせえ、島田！」「打て打て島田！」と大声を張り上げます。たけしさんは、横にいて合図を送るだけ。チームメイトから「島田、なんでたけしが応援にくるんだ？」などといわれ、こっちは恥ずかしいやら、うれしいやらでした。

試合のあとは、わざわざロッカーにもきてくれるんです。着替えていると係員が、「島田さん、たけしさんがこられてますよ」といいにきました。あわてて出ていくと、軍団の連中が全員向かい合って、土下座しながら「お疲れさまでした！」と。まるで若頭の出迎えみたいで、

「立ってください、立ってくださいい。こんなことをされると困りますよ、たけしさん」

「いいんです。コイツらはろくに仕事もないし、タダメシを食っているんだから、試合で疲れた島田さんにこれぐらいするのは当たり前」

と、たけしさんは平気な顔です。プロ野球選手に払う敬意というのは、恐縮するくらいでしたね。なにしろ、プロ野球選手は絶対に〝さん〟づけで呼ぶんです。津野浩が入団してきた年ですから、一九八四年でしょうか。たけしさんは高知商業高校時代の津野をテレビで見て（ちなみに一九八三年夏の準々決勝、ＰＬ学園と対戦して、清原和博に三本の長打を浴びている）、いいピッチャーだな、と思っていたそうです。それで引き合わせると、「津野さんですね」と、高校を出たてのぺーぺーにまで敬語です。たけしさん、普通に話

してくださいよ、といっても、

「いや、プロ野球選手にあこがれ、なりたくてもなれなかった僕からしたら、選手はみんな神様です。だから、敬語を使うんです。芸能人なんて、セリフさえ覚えればいいんですから誰でもできるんです。私は、丹波哲郎でも呼び捨てできますよ。そこへいくと野球選手は、なろうと思ってもなれるもんじゃない」

僕がフジテレビの番組に出たとき、担当のディレクターに「『俺たちひょうきん族』が収録中ですよ。ちょっと見ていきますか」といわれ、たけしさんが出ているというので、ちょっとだけのぞきにいきました。スタジオに入ると、ちょうど山田邦子さんとの掛け合いを収録中です。じゃまにならないように、カメラの横から見ていると、なんとなくたけしさんと目が合いました。その瞬間。

「ありゃあ、島田さん。来てくれてたんですか」

「ええ、仕事がちょっとあって。たけしさんがいるというから、のぞいてみました」

「うわあ、うれしいなあ。来るんなら来るといってくださいよ」

本番そっちのけで話しかけるたけしさんに、番組のスタッフは呆気にとられていました。コイツは何者だ、という目で見られる僕のほうが気を使いますよね。

「いいんですか？　本番中でしょう」

「いいんですよ、仕事なんて。おい、さんまちゃん呼んでこい」

と指示をすると、ブラックデビルの格好をした明石家さんまさんが加わりました。

「あ、島田さんですか。初めまして」

「さんまちゃんも野球好きでな」

「よう見てまっせ」

と、収録そっちのけで野球の話が始まりました。スタッフがおそるおそる、「そろそろ本番なんですが……」といい出すころには、病人役で寝ているシーンだった山田さんは、すっかりしびれをきらしていました。

たけしさんはその後、フライデー襲撃事件があり、僕が福岡に行ってからはバイク事故などもあって、すっかり会う機会はなくなってしまいました。ですが、いまや映画監督・北野武としても世界に知られる偉大な人との出会いは、僕にとってはいまでも大きな財産です。

ハングリーからの脱出——博多華丸・大吉

児玉清さんのモノマネで知られる博多華丸・大吉は、彼らが二十歳のころから知っています。一九九一年限りで僕が現役を辞め、福岡のテレビ西日本で「とことんサンデー」という番組に出ているとき、吉本興業の若手芸人たちが番組のメンバーの中心だったんです。そのころから、華丸のおもしろさはずば抜けていましたね。

当時、吉本が福岡にも事務所を立ち上げ、所長になったのが、かつてのさんまさんの付き人でした。昔のよしみの気安さで、その所長には「華丸・大吉はおもしろい。東京に行かせたほうがいいんじゃないですか」と、素人のくせにえらそうなことをいっていたものです。なにしろ、ビッグになるには東京。福岡ローカルでは、そこそこは食べられても、限界があります。まして当時は若手ですから、とにかくみんな、生活が苦しかったでしょう。

「とことんサンデー」の若手連中を家に呼んでバーベキューでもしたら、大変です。ここで一気に食いだめをしておこう、という意気込みで、その飲み食いの勢いたるや、すさまじいものでした。そのうち酔いつぶれて何人かが泊まると、翌朝、僕の洋服を見ながら「アニキ、いいですねえ、この服」といい出す奴がいるんです。気に入ったらあげるよ、といったが最後、俺も俺も……と大騒ぎになり、「俺の洋服がなくなるじゃねえか！」という状態でした。

あるイベントの休憩時間に、「全員分、ジュースを買ってきてくれよ」と若い衆に千円札を渡すと、戻ってきて「アニキ、お釣りがあるんですけど……」。お釣りといっても百円かそこらですから、「おう、とっておきなよ」というと、俺がもらう、いや俺が……と、小競り合いが始まります。あげくは取っ組み合い寸前になるので、「やめろって、そんな金額でみっともない。じゃんけんで決めなよ」というと、負けた奴が泣き出すような始末です。それほどハングリーな時代があったんです。

華丸と中洲でメシを食べたあと、「ここからタクシーで帰りなよ」と五千円渡したこともあります。すると春吉橋のたもとで、華丸がその五千円札をジーッと見ているんです。

「これ、僕にくれたんですよね」

「そうだよ。タクシーで帰って、残りは小遣いにしたらいい」

「いや、運転手さんに渡したくありません。家まで近いですから、歩いて帰ります」

いや、近くはないんですよ。おそらく、歩いたら二、三時間はかかるはずです。ところが華丸は「二時間だったら、すぐそこです」と譲らず、てくてくと歩いて帰ったことがありました。十二、三年前のことでしょうか。

彼らは、なかなか東京に出ていく踏ん切りがつかなかったようです。福岡にいれば、そこそこ仕事がくるようになったし、なんとか生活はできる。それをなげうち東京に行って、もし失敗したら……という心理でしょうようね。ようやくハラをくくり、東京に出ていったのは二〇〇五年のことです。

「アタックチャンス！」で、華丸がR－1ぐらんぷり（一人芸人のコンテスト）に優勝するのは、二〇〇六年のことでした。賞金の五百万円は、大吉と折半したそうです。大吉がネタを考え、華丸がしゃべるというのが彼らのスタイルだからです。愛すべき男たちです。

ほかにも、歌手の錦野旦さんや競輪の中野浩一さんなど、実に魅力的なさまざまな人と知り合ってきました。野球選手としては大した実績もないのに、こんなにも多くの人に出会えたことを、本当に感謝しています。

あとがき

右腕を大ケガして左利きになり、大学は中退し、就職したかと思うと会社がつぶれる。ドラフト外でやっとプロ入りしたら「一年でクビ」といわれ、練習もまともにさせてもらえず……。それでもどうにかチャンスをつかみ、一五〇〇本以上のヒットを打てたんですから、やっぱり僕の野球人生、波瀾万丈でした。

一九九七年からホークスのコーチとなり、丸十年。二〇〇六年限りで退団したときには、プロ入りから三十年がたっていました。早いものです。ここらへんで自分の野球人生を振り返ってみようかと、コツコツと原稿を書き始めたのは二〇〇七年の秋でした。ところが、しゃべることは得意でも、書くこととなると悪戦苦闘です。記憶の引き出しをひっくり返し、ああでもない、こうでもないと書き直し、話すように書けばいいんだよ、などと人の助言を受けながら、ようやく一冊の本になりました。

書きながら、そういえばこんなこともあったな、と自分の通ってきた道をあらためて思い、多くの人に支えられてきたんだなあと、つくづく感じたものです。家族、丹羽鉦電機からあけぼの通商の仲間、日本ハムのチームメイト、王監督……。とりわけ、福田昌久さんの存在がなかったら、この小さい体で三割など打てなかったでしょう。気がつけばもうすぐ、福田さんが亡くなったのと同じ五十四歳になろうとしています。

この本は僕の現役時代とコーチの経験、交友関係の三部構成になっており、エピソードを交えながら野球の魅力や深さ、楽しみ方などにもふれたつもりです。困難を克服してきた、などと自慢するつもりはありません。好きな野球を懸命にやってきたら、なんとかプロでメシが食えたというだけですから。ただ、読んでくださった方が、「ほー、島田というのはテレビでバカをやってるだけかと思ったが、なかなか苦労しとる奴やな」とか、「体は小さくても、あきらめずにやればできるっちゃねえ」などと思ってくだされば幸いなのですが……。

本書に掲載した写真には、報道各社からご好意でいただだいたものも多数あります。どなたにいただいたものかわからなくなってしまったものが多く、提供者のお名前は記しませんでしたが、皆さん本当にありがとうございました。最後になりましたが、出版にあたりご尽力くださった海鳥社の西俊明さん、フリーライターの楊順行さんに心から感謝申し上げます。

島田　誠（しまだ・まこと）

1954年，福岡県中間市生まれ。直方学園高校卒業後，九州産業大学に入学するも２年で中退。その後，丹羽鉦電機に入社するが，わずか１年半後に野球部が解散となり，あけぼの通商に移る。1977年，ドラフト外で日本ハムファイターズに入団。1991年，ダイエーホークスに移籍，同年限りで引退。通算打率２割７分９厘，通算安打数1504本，通算盗塁数352個，ベストナイン２回，ゴールデングラブ賞６回。1997年から2006年まで，ホークスの守備走塁コーチを務める。現在，野球解説者，コメンテーターとして活躍。

それでも野球が好きだから

■

2008年６月１日　第１刷発行

■

著者　島田　誠

構成　楊　順行

発行者　西　俊明

発行所　有限会社海鳥社

〒810-0074　福岡市中央区大手門３丁目６番13号

電話092(771)0132　FAX092(771)2546

印刷　株式会社ペイジ

製本　篠原製本株式会社

ISBN 978-4-87415-679-7

http://www.kaichosha-f.co.jp

［定価は表紙カバーに表示］